人が集まる!

仕事につながる!

ランチ会の始め方・育て方

大澤 裕子

はじめに

自分らしく生きる

誰かのあとをなぞって生きるのではなく、自分で決めたいとある日思いました。あなたは、どんな人生を歩んでいますか?

あなたが何かに縛られることなく、毎日をもっと楽しく、人とのつながりの輪を広げるお手伝いがしたいと願っています。より楽しく人間関係の輪を広げ充実した時間を過ごせるきっかけ、それがランチ会を主催することなのです。

起業を目指す方は、どこからスタートしたらよいのかわからず不安を抱えているかもしれません。

ご自身で仕事をされてある程度たつと、お客様候補との出会いのなさや、なかなか契約がとれないことを心配されていると思います。サークル活動やコミュニティをつくりたい方も、何か始めたいという方も、どうやって人を集めようかと頭を悩ませているかもしれませんね。

あなたの仕事や人生の成功、幸せの意味の中には、人間関係の充実も含まれているのではないでしょうか？

私は起業当初、講座への集客に苦戦したり、職業のイメージから色眼鏡で見られたりと悲しい思いをしたことがありました。始めたばかりの頃は仕事での成果も感じにくいですから、次の行動を起こすパワーが湧いてきませんでした。

同じように起業された知り合いも、人が集まらなくてどんどん自信をなくしてしまい、収入も得られずパートや派遣に戻るという方も多くいらっしゃいました。

自分のやりたいこと、持っている才能、思いを実現できることは尊いことです。ですが、なかなか現実は厳しい。そこで、自信が持てない方、楽しく自分らしく仕事をしたい方、仲間をつくりたい方に、人間関係やお金の循環が軽やかに実現できる方法をご紹介します。

私がこのメソッドを構築していくスタートになった出来事がありました。それは娘の病気でした。

生まれつき疾患があり、これまでのようにエステサロンの経営を続けるのは難しいことが容易に想像できました。

幾度にもわたる入院、手術。入院しているわが子に付き添いたいけれど、暮らしのためには仕事を続ける必要があったり、不安で気の休まる暇がなく、お金の心配も頭をよぎります。

やっと退院したけれど外出制限があったり、次の入院に備えて体調管理のために子育て支援センターに行きたくても行けないということもありました。

わが子が心配で心配で仕方ないその気持ちとともに、どんどん社会との接点が薄くなり、孤独感と○○ちゃんのママとしての人生が時折苦しくなります。

そんな折、SNSで同じような境遇にある方や先輩ママ、大学の先生、子育ての現場にいる方とつながることができました。それにより、どれだけ私が救われたことか。そして思ったのです。

「もっと働き方は選んで良いはず！」と。

会社に勤めに行く、派遣に登録する、パートに行く以外の「働く」を自分で納得して選べる。そんな社会にしたいとお仕事のアドバイスを始めました。

特に女性は家族のライフステージに左右されがちです。妊娠、出産、就学、転勤、介護、病気など、様々な変化に対応していかなければなりません。その時々に、仕事を続ける大変さ、家族を支えること、人間関係や自分の人生について深く考えることと思います。

これまで培ってきた経験や知識をライフステージに合わせて発揮できる、選択できる社会をつくりたいと思っています。

人とちゃんとつながれる、信頼関係の先に

可能性にチャレンジしましょう。

もっと楽しく、もっと軽やかに。誰かの決めた人生ではなく、あなたが納得した歩みができることを願っています。

目指す思いもある、経験も積んできた、資格も取得した。なのに、うまくいかないという方が多い現実。

自分が悪いんじゃないかと自分を責めて、余計にチャンレンジすることが怖くなり、無難に誰かが決めた道を歩んでいくという納得いかない状況から抜け出しましょう。

私自身、お仕事のアドバイスに仕事を切り替えたとき、なかなか子どもの保育園が見つ

からず、一時保育も予約をとれずに、どうやって続けていこうかと考えました。子どもとの時間もかけがえのないものですし、大事にしたいという気持ちもあります。

そんな中で私が長く仕事を続け、こうして本を執筆できたのは、お客様やいつも応援してくださる方のおかげでした。わかってくれる人がいる、仲間がいることが人生でどれだけ大切なのか痛感したからこそ、人とつながりを第一にしたいと考えました。

ランチ会の持つ可能性

もしかしたら、この本を手に取ってくださったあなたでさえも、また新たなノウハウなんでしょう、という気分かもしれません。

今回お伝えするランチ会の話は、集客ノウハウというつもりで書いていません。

あなたの人生を豊かにするエッセンスです。

孤独感でいっぱいだった私、自分の幸せもお客様の幸せも追求していくことができるきっかけとなったのが、ランチ会でした。化学反応を起こすように輪が広がり、自然と人が集うようになります。

できない、自信もない、状況も整ってないなど、ないない尽くしだと思っている方も、ランチ会で「できた」を積み重ねて羽ばたいてください。

今、起業準備中の方、何かお教室を主宰されている方、サークル活動やコミュニティ運営を目指す方、会員制サービスを提供したい方など、人とのつながりを大事にしたい方は、ぜひひともランチ会メソッドを通して、あなたの人生をより豊かにしてほしい。

一度読んでおしまいではなく、実務的なこと、壁にぶち当たったときの気持ちのケアについてもお伝えしていきます。ランチ会を開催して発展されていくまで、時折読み返してパワーアップなさってくださいね。

大澤裕子

もくじ

Chapter 1

ランチ会を主催してお客様も仲間も手に入れよう

Chapter 2 ランチ会を始める前に

Chapter 3

ランチ会立案のポイント

Chapter 4

知ってもらうための告知方法

Chapter 5 当日の運営

Chapter 6

終わった後のフォローとランチ会からの展開

Chapter 1

ランチ会を主催して お客様も仲間も手に入れよう

第一歩を踏み出すならランチ会がおすすめな理由

なぜランチ会なの？

あなたはこれからどうやって集客していこうかとお悩みではないでしょうか。

エステサロン経営者さんや、お教室主宰の先生など、自分サイズで仕事をしたい方も増えてきました。起業の仕方や集客方法をネットで検索するといろいろな情報が出てきますよね。起業してまずやることといったら何が思いつきますか？

キャッチコピーを決めることや交流会に行くことでしょうか。やってみた方はおわかりでしょうが、簡単に思うようにはいきません。ＨＰや名刺をつくり直したり、いろいろなツールにチャレンジしても、次々と新たなものが出てきて不安になり、これでよいのかと悩む方が多いです。

また動画やインスタグラムなど、やり始めてみたものの続かないということがあります。

あなたがやりたいことにチャレンジできて、精神的な充実感を感じるためには、人とつながり、反応がある状態を常につくっておくことです。これにより、やりたいことを実行に移して継続しやすくなります。

もしかしたら、他にたくさん同業者がいるから私がやることに意味がないと思うこともあるかもしれませんし、どんな仕事を選択すべきかで悩んでいる方もいると思います。

ですが、それはお客様とのコミュニケーションの中で答えが見つかります。今はゴールが見えずに不安な気持ちかもしれませんが、それを軽減させる唯一の手段があります。それが「ランチ会を主催する」ことなのです。

ランチ会の持つ可能性

ランチ会は、5つの可能性があります。

1. 今のあなたのビジネスのステージにかかわらず、いつでもスタートできる
2. 差別化やコンセプトづくりがまだでも、あなたを知ってもらえる機会になる
3. 起業したてであれば、土台づくりのヒアリングやテストマーケティングができる
4. 仲間づくりとお客様に貢献できる環境をつくれる
5. 異業種の起業家との協力関係を構築するきっかけをつくれる

しかも、お客様ととても良好な関係で長い期間お付き合いできる、素晴らしい経営者としての道をスタートできます。ランチ会は起業準備中の方から、ビジネス上級者まで活用できるのです。

もちろん、習い事の仲間との関係性を深めるのにもランチ会は有効です。食事をしながらの語らいは有意義で、あなたの発想次第で無限に広がります。

自分らしく仕事をしたい方にピッタリ

ランチ会を通して、あなたはお客様と人と人とのお付き合いができていると実感できるでしょう。ゆっくり食事をしながら時間を共有することは、意図していないような効果を

ランチ会の持つ可能性

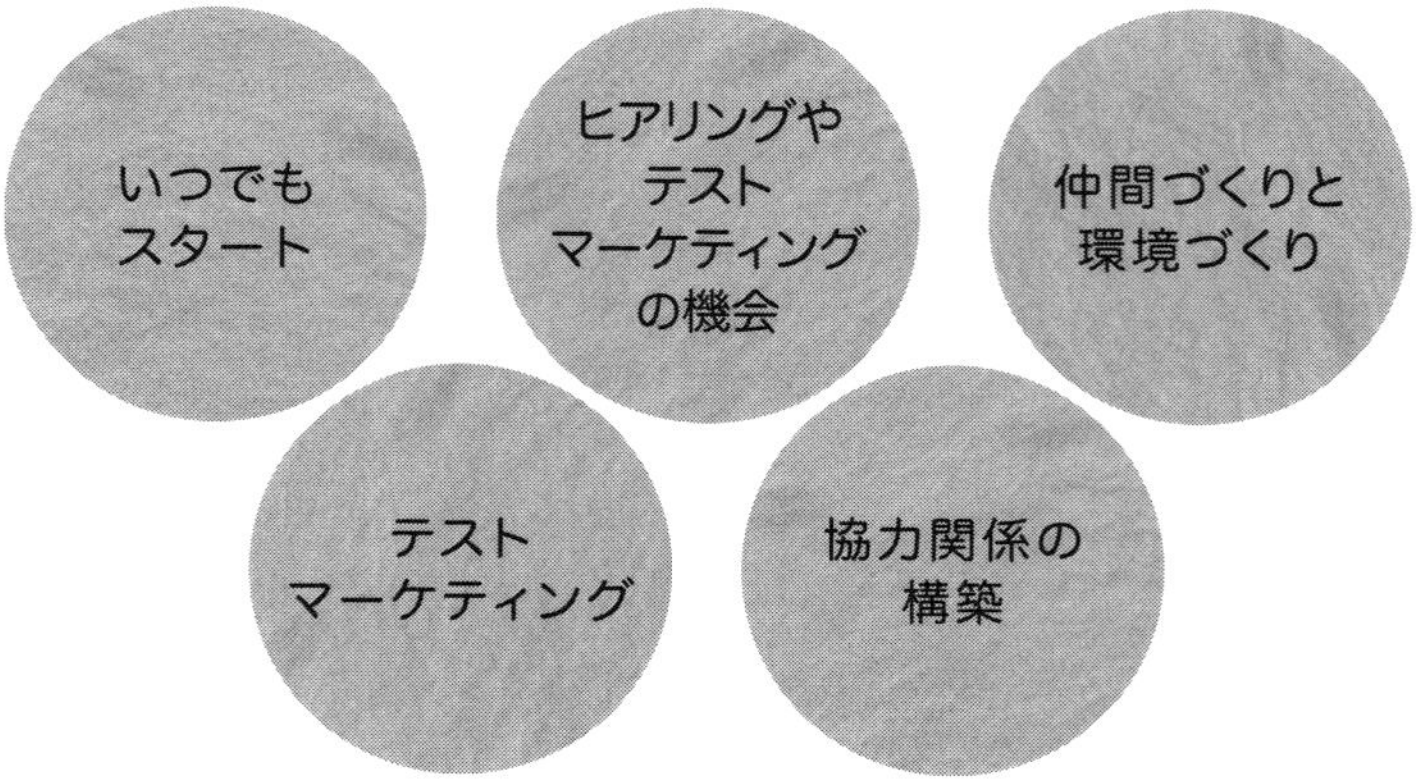

もたらしてくれます。

例えば、名刺交換したら相手が急に高圧的な態度になった経験のある方は、特にランチ会マジックを感じていただけます。あなたの商品イメージ、職業イメージを超えたところでのお付き合いをスタートできるからです。

また、もっと○○を気軽に知ってもらいたい、○○について話せる仲間が欲しいなど、何らかの目的で集う仲間とのランチ会もよいですよね。

私が主催したランチ会で出会った方々はとても仲良くなることが多く、SNSでも盛り上がっています。ランチ会で共有した時間がその後もベースとなり、関係性が発展しやすいのです。

これまで講座の集客に困っていた方、お客様との関係が平行線な方、自分の方向性に不安になってきた方にとって、ランチ会は現状を変えるチャンスになるでしょう。

あなたの仕事の商品構成

メニューや商品にはフロントエンド商品、ミドルエンド商品、バックエンド商品の3種類があります。

フロントエンド商品は、お試し商品といわれています。無料~5000円程度の参加しやすい料金で、講座やワークショップ、イベントなどの催しが多いです。この商品ですべてを理解してもらうのではなく、まずはその効果、楽しみ方を知ってもらいます。

ミドルエンド商品は、半日もしくは1日程度、または数日の催しで、料金は8000円~3万円程度が多いです。フロントエンド商品よりも醍醐味を感じてもらえる内容にして、全体像がつかめたり、より具体的な話がお客様とできるものです。

バックエンド商品は、お客様の役に立つあなたの一押しの商品です。お客様の深いお悩みにしっかり関わられるよう、長期かつ高単価で構築されるのをおすすめします。20万円、30万円、100万円以上の場合もあります。

このバックエンド商品でお客様の役に立つこ

あなたの仕事の商品構成

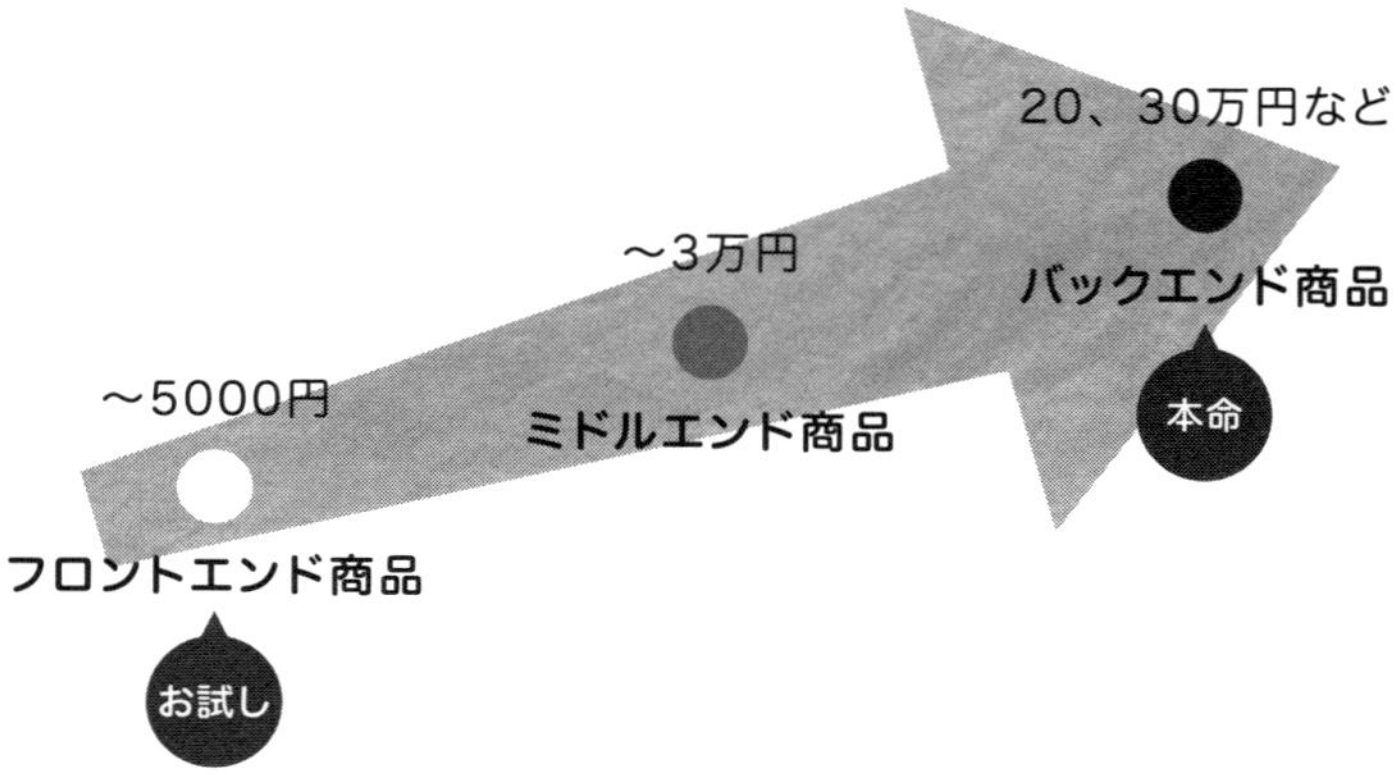

とを目標にして仕組みを組み立てていくわけです。なので、事前にバックエンド商品から逆算して商品構成を考えてみましょう。

ランチ会は「フロントエンド商品」の位置づけといえますが、実はフロントエンド商品よりもっとライトに開催することもできますし、選ばれた人だけが参加できる限定開催など、あなたのお仕事の成長具合で様々な工夫ができます。

事業の詳細を決める前からスタートできるのがランチ会の良さでもあります。お試しのお試し。そんなイメージで、チャレンジの第一歩としてランチ会はピッタリです。

バリエーションも発想次第

ランチ会は発想次第で可能性はどんどん広がります。例えば、あなたは手芸サークルを主催しているとします。そのメンバーの作品を見てもらえる機会をつくりたいし、一緒に楽しめるメンバーが欲しいと思っています。

近所のよく行くカフェのオーナーさんにお願いして、一日展示会と体験会をさせてもらうのも楽しそうですね。みんなでランチをしながら、作品への思いや始めたきっかけを話してもらい、サークルに興味のある人にも聞いてもらう。

このように、今あなたが何歳でも、会社員であったとしても、誰しもがみんなにとって楽しいコミュニケーションの場をつくることが可能です。その他、ビジネスモデルや今の事業状態、お客様の有無などによって様々なバリエーションで実施することができます。

もし誰をお客様にしようか絞り切れていない場合、お客様候補のグループとお話ししてみてその反応を確認するのもよいですね。また、フロント商品までは来てくれるがその後につながらないという場合は、その原因を探ったり、講座以外の接点をつくるのに、ランチ会は利用できます。

バリエーションも発想次第

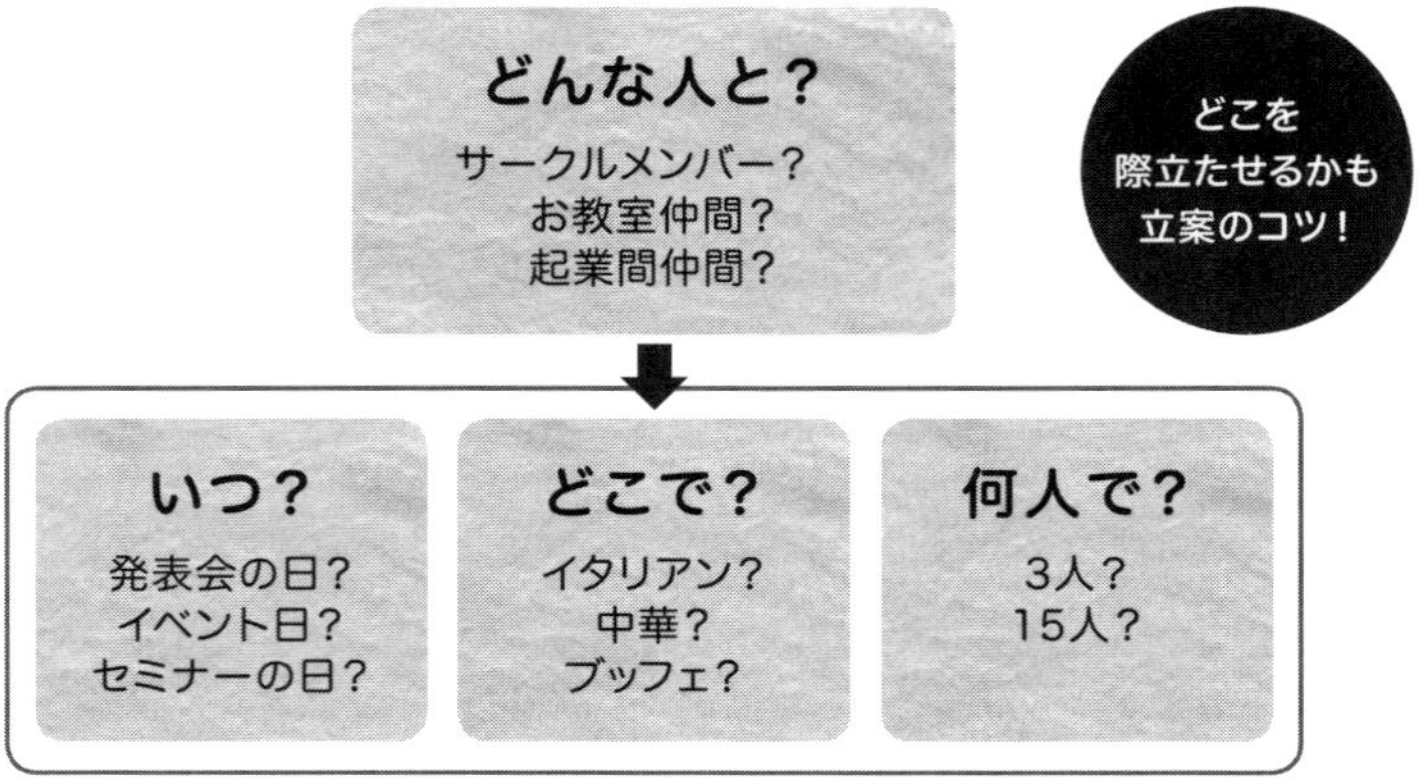

主催者ポジションを構築して人の輪を広げてお客様を獲得しよう

ランチ会のメリットはこれ

ランチ会を開催して得られるメリットは、主催者ポジションを手に入れられる、ＰＲがうまくなくても十分知って、自分もお客様も心地よい環境をつくることができる、参加者を自分が意図するお客様候補に絞れる、相手に先に貢献できるので色眼鏡を外すことができる、商品の前に人柄を知ってファンになってもらえるので価格競争に巻き込まれないなど、数多くあります。

ランチ会では名刺交換をして終わりではなく、90分〜１２０分ほどの時間を一緒に過ごします。そこで様々な質問を異業種の方やお客様候補からされるので、自分の売りがわからない、やりたいことがわからない方でも会話の中で見えてくるものがあります。

人と交流しながら継続して開催していくとあなたの内面の変化、周囲からの見られ方、評価の変化を感じるはずです。

主催者だからこそのスピード感

主催者ポジションの効果をお話しします。参加者側から主催者になることでお客様からの注目度が上がったり、同業者の見る目が変わります。あなたの主催している会があることは、○○の仕事の人という範疇を超えた可能性を相手に感じてもらうことができます。実際、それまでは自分のビジネスへのお客様集めに苦戦していた方でも、ランチ会には2倍、3倍もの人数を集めることができています。

個人で頑張ってブランディングを進めていったとしても、相手が次にあなたに会いに行こうと思う機会は少ないかもしれません。フロント商品の講座に来ていただいたけれど、それっきりということもあるでしょう。これではせっかくの出会いが無駄になってしまいます。とはいえ、全員と個人的に食事をしたり、会う時間を持つのは困難です。ですから、みんなで集まってお話しできるランチ会という場を持っていることは参加者と交流することができますし、仲間を紹介してもらえる機会にもなります。

主催する8大メリット

ランチ会を主催するメリットをまとめると次の8つです。

【相手の見る目が変わる】

主催している会があることで、まわりの反応が変わるのをあなたは実感されるでしょう。名刺交換後の反応も、ＳＮＳでの反応も違います。会を開催した後のコメント、いいねの反応、集客の反応率にも変化があります。会を主催していること自体の効果、その後の波及効果と二重の効果を得ることができます。

【職業イメージや売り込みをする人という色眼鏡で見られにくくなる】

例えば、保険や投資などの仕事をされている方は、名刺交換をした途端に相手の態度が冷たくなるという経験があるかもしれません。

しかし、あなたが人を集められる主催者ポジションであれば、そんな悲しい思いをすることが減り、しっかりお話しができる場を設けることができます。

【誰かの場ではなく、自分の場を作れる】

一参加者でいるときは、自分のことをアピールするのに精いっぱいでしょう。

その会のルールに基づいて行動しますし、腑に落ちないことがあっても妥協せざるを得ないと思います。

しかし自分が主催すれば、あなたの自由に場を設定することができます。

【相手に喜んでもらえることを考えられる】

交流会やイベントで、もっとこうだったらよいのにとか、私だったらこうするのにと思った経験のある人はまさにピッタリかもしれません。どんな会でも、その場に来ている人がつくり出す雰囲気や会のコンセプトで、あなたにとって心地よい場合とそうでない場合があるでしょう。

自分の主催する会では、どうすればお客様に喜んでもらえるかを自分で考えて実施することができます。それが今後のファンを増やしたり、協力者を増やす要因になります。

主催する8大メリット

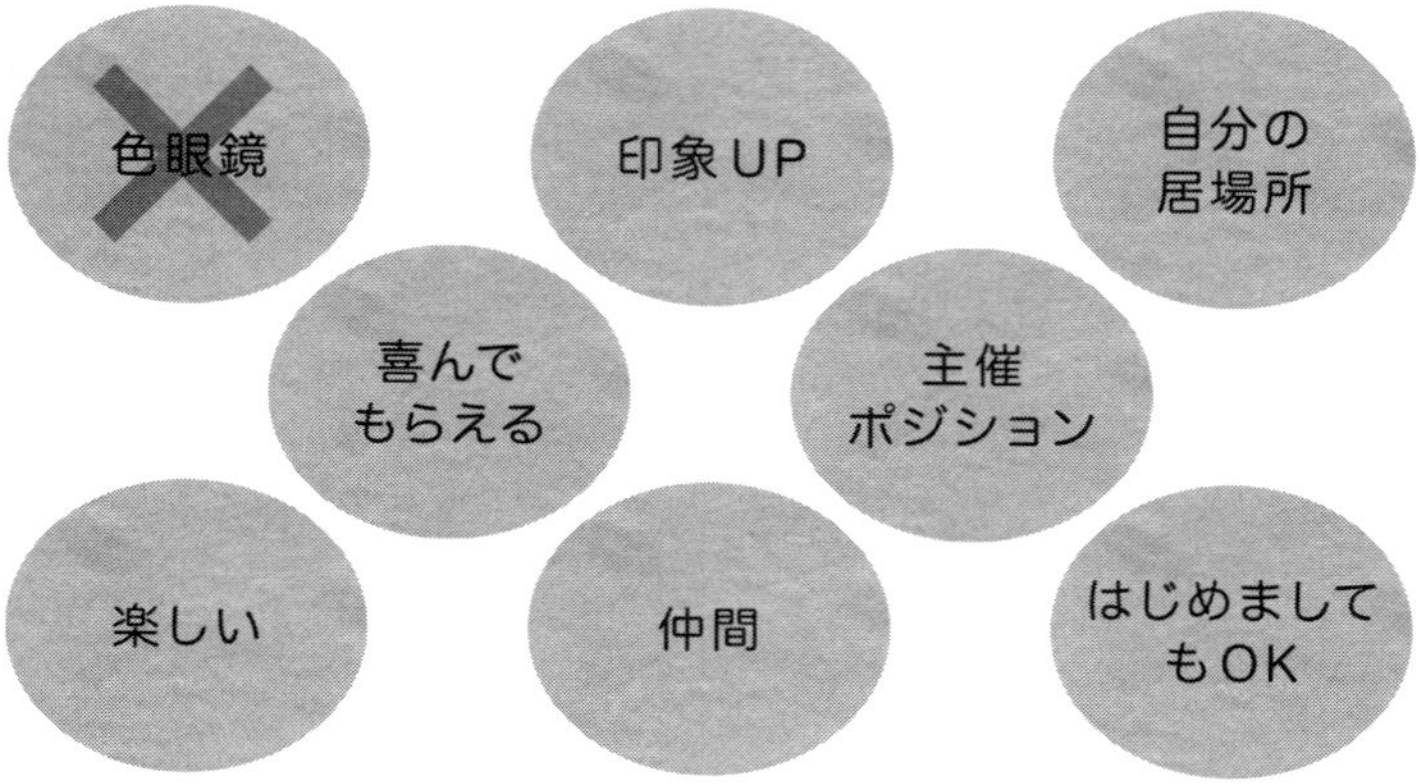

【主催者を肩書きとして名乗れる】

まだあなたのビジネスの詳細が決まっていなくても会を主催することはできます。主催すれば、肩書きが決まっていなくても、「○○ランチ会主催者」と名乗ることができ、ビジネスを始めるための準備としてもランチ会はおすすめです。ＳＮＳで意見交換ができるコミュニティ化もよいですね。

【共感しあえる仲間づくりができる】

会のバリエーションは無限です。あなたはどんな人とつながって、どのようなつながりが欲しいですか。あなたが望みさえすれば、同じように活動していきたい仲間を得ることもできます。ランチ会を通して思いを共有したり、絆を深めることも可能です。

【人数の規模も自分次第で2名ほどから20名前後までは一人でも対応可】

密に関係をつくりたいときは2、3名など少人数の会でゆっくりじっくりお話しができるようにするのもおすすめです。あなたの話を聞いてもらいたいときや、あなたの商品を販売する商談をするとしたら、いくつかのグループに分かれてしまう人数はおすすめしません。その場合は6名くらいがいいでしょう。

ただし、一人で20名ほどまでならおもてなしすることができます。

【初対面の方とも関係性をつくりやすい】

ランチ会では、ご紹介やＳＮＳ経由の初対面の方も多いです。ですが心配はいりません。ランチ会が終わる頃には数年来の友人のような関係になっていたり、次回のランチ会に参加表明をされる方もいます。

もし初対面の方が一人でいらしたら、話しかけて会話の輪の中に誘いましょう。特に何度も参加する方が増えているときは最初のきっかけがあれば大丈夫です。

これらのメリットを手に入れるには、他の方法では時間も労力もかかりますが、ランチ会であれば起業準備中からできるのです。最大限に活用して、あなたの夢の実現を加速させてください。

見込み客ゼロから始めるなら なおさらランチ会からスタート

お客様候補、仲間が自然と増える

もしお客様候補がいないなら、なおさらランチ会がおすすめです。

なぜなら、フロントエンド商品になかなか集客できず苦戦する方が大半だからです。最初の数回は集められても、どんどん減っていってしまうということが多く、とてももったいないのです。このランチ会は、正しいやり方で開催すればするほど、参加者さんがお友達を連れてきてくれたり、運営に協力してくれます。

前にも述べましたが、起業準備中から人とのつながりをできるだけ早くつくっておきたいものです。お客様候補がいない状態であっても、今のつながりの中ですぐにでも始められるのがランチ会の良さです。

何より、なかなか自信を持ちにくい時期で、事業の方向性が定まらなくて不安を抱きやすいでしょう。だからこそ、あなたがブラッシュアップしていくための機会としてもぜひランチ会にチャレンジしていただきたいのです。

ランチ会は主催に慣れていない方もチャレンジしやすい

ランチ会はあなたに主催の経験がなくてもすぐに開催できるフロントエンド商品となります。ランチ会で主催するということに慣れて、それから講座やワークショップを主催するとよいですね。

まだ進行がたどたどしくても、お料理の美味しさや素敵な雰囲気にお客様は目をつぶってくださいます。求めているのは上手な進行ではないので安心してください。

料理の提供や配膳はお店側でしてくれるので、主催者一人でも十分対応できます。もし皆さんに喜んでもらえるか心配なら、上質なお店を選ぶとよいでしょう。というのも、そういうお店は接客サービスがよいのでお客様を誘導してくれますし、スマートに対応してくれるので助かります。お店選びはとても大切です。

そしてランチがあることで、あなたがずっと話し続ける必要もなく、適度なブレイクタイムや、参加者さん同士のお話タイムが挟まります。多くのランチ会では、主催者の話より参加者さん同士での会話でご満足いただけます。

ランチ会は、講座開催の難易度から考えるとその5分の1くらいで開催できます。講座は受付や誘導など、基本的に自分でやらなくてはいけません。ですがランチ会では、お店の人がスマートに誘導してくれます。

講師は自力が求めらるが、ランチ会は他力をお借りできる

講師を普段されている方に、ランチ会の開催をアドバイスすると「え、これで大丈夫なのですか?」と言われます。

そうなんです。講座のゴールとランチ会のゴールが違うこと、効果、メリットを感じていただくと、余計にそのランチ会の気軽さに驚かれます。

講師業では、自分の持っているコンテンツを組み立ててお話しすることがメインなので、内容・運営能力が問われます。何かを提供するのが前提です。いずれはこうしたステージに進みたい方はランチ会がその練習にもなります。ランチ会を開催しながら他力、例えばお店のスタッフさん、賛同してくれる仲間、参加者さんの力をお借りできます。

経験値を高め、コミュニティとして育てる

ランチ会を主催していくと、お客様への対応力、お店への交渉力など、場をつくる力が養われてきます。お客様が求めていることも理解でき、回を追うごとにあなたの主催力は

ぐんぐん育ってくるでしょう。お客様のリピート率が高くなったり、会で何かやろうと機運が高まってきたら、次のステップはコミュニティ化です。

定期的に集まっていると、仲間としての団結力が強くなり、会自体の価値も上がっていきます。参加者がコミュニティに所属していることに価値を感じてくれるようになります。

ランチ会から人と情報、お客様の流れをつくりビジネスを軌道に乗せる

誰とどんなランチ会にするかで流れを巻き起こす

起業準備中は、まだお客様候補もいないでしょうし、そもそも自分が役に立てるお客様がわからないかもしれません。それを絞り込んでいく過程で悩むものです。

完璧にしてからと考えていては、いつまでもスタートできないのです。人とのつながりをつくることはできるだけ早く始めてください。ランチ会に来る方がお客様にならなくても、きっと助けになってくれる日がきます。良好な人間関係をつくっておくこと、それが大事だと後々気づくはずです。

ランチ会を開催していく中で、どんなことにニーズがあるのかリサーチできます。どんなことに関心があるのか、どんな催しなら参加したいのか、どんな同業者が人気があるのかなど、どんどん情報が入ってきます。

そして主催者は情報のプラットフォームになれるのです。情報が欲しい人も、伝えたい

人も、どちらもあなたとお付き合いすることがメリットになります。

講座とも違う、ちょうどよい力加減

起業してすぐはなかなかニーズをつかみにくく、講座開催は難しいと思うことも多いはずです。集客のことも考えると不安ですよね。

そんなときもランチ会で、講座への集客やテーマ設定のヒアリングをすることができるのです。どんなことに興味があるのか、何が不安なのか、お客様はざっくばらんに話をしてくれます。

お客様が講座で知りたいことを明確にしておくと、集客や講座そのものの反応が良くなります。ランチ会で開催に慣れてから講座を開催するとお客様への配慮や声がけもスムーズになります。

あなたの成長とともにランチ会も進化する

回を重ねていくと、あなたもランチ会もどんどん進化するはずです。

ランチ会は参加者さんがいて成り立ちます。参加者さんの雰囲気、コミュニケーションの状況を感じて、対応できるようになっていきます。ランチ会は失敗しません。だから安心してください。

ランチ会の意図も回をおうごとに変化があります。起業準備中は、まずはリサーチとお客様候補とつながりを持つことからスタートした方も、何か特定の商品を購入したお客様限定のランチ会や、さらに輪を広げるために紹介依頼したい仲間をお招きした会など、当初は考えもつかなかったような会を主催されていくことでしょう。

人と交流し、意見を伺ったり情報交換をしているうちにどんどん道が開けていきます。あなたの成長段階に合わせてコーディネートしていきましょう。

よりランクアップさせるために

あなたのランチ会をさらにランクアップさせるためには、限定性、機密性を高めます。誰でも参加できる会から、どんどん条件設定をしていく。オープンに募集していたものを、知る人ぞ知るものにしていくのもよいと思います。

また、何かの条件を満たした方だけの集まりも魅力的かもしれません。あなたのランチ会に参加すること自体がステータスになるというところまでいずれ目指せるでしょう。

まだまだある ランチ会をやるべき理由

あなたもお付き合いしたいを人を選べる

ランチ会を主催していると様々なことが見えてくると思います。あなたに近づいてくる人の理由が見え隠れしたり、不可解な誘いもあるかもしれません。それは恐れることではなく、対外的に活動をしていれば当たり前にあることです。

そのときに、今後の方針について考えさせられるでしょう。あなたは今後どんな方とお付き合いしていくのか選んでよいのです。むしろ、どんな方とお付き合いしたいのかを明確にしていたほうがよいでしょう。そうすることで、よりランチ会が魅力的になります。

お客様同士の出会いの質も、会の特徴になることもあります。誰かを排除するという意味ではなく、こんな人に参加してほしいとはっきり示しましょう。

見込み客を増やす以外にも活用方法はある

ランチ会は新規のお客様候補を集める以外にも活用していくことができます。

ビジネスでは、既存のお客様のアップセルの機会としても使えます。何か商品の決定打が足りないときに追加特典として、特定のサービスを受けている人だけが参加できる限定性、オンラインサロンの行事としてなど、様々な活用方法があります。

サークルやコミュニティでは、既存メンバーの定着率を上げる。季節の行事として、飲み会ではなく、ランチ会で開催すると費用が抑えられるメリットもあります。

ビジネスを広げるときこそ、パワーを借りられる関係を

これからプロモーションをしてお客様候補を増やすためにメールマガジンなどで紹介してほしい際に、ベテランさんはランチ会を利用します。

自然と関係性をつくり、輪を広げた協力関係ができるのです。

便利な世の中ですからメールやＳＮＳを使って紹介の依頼をすることができますが、面と向かってお願いすると心に届きます。

そうすると、あなたを優先して関わろうとしてくださる方が増えますね。やはりベテラ

ンさんはその人間関係そのものが宝物だとご存知なのです。よいと思わないものは紹介しにくいですし、そもそも知らない人の商品を勧めるのは抵抗がありますよね。心から応援しあえる仲間を得ることほど、心強いものはありません。

限られた人だけのランチ会

ある程度あなたのやっていることが認知されていくと、誰でもいいから来てほしいというステージから卒業できます。ビジネスのステージやサークル活動など趣味の活動にも同じように段階があると思います。

最初は広げていく、知ってもらうことからスタートですが、やっているうちに自分のしたいこと、大事なことが見えてきます。オープンの場から、条件をつけたり、特定のメールマガジンに登録をしているなど、ランチ会を通して、その後どう展開するのかイメージができていくことでしょう。ランチ会というイメージを一度外して、その前後にあなたがどうしていきたいのかを意図してください。

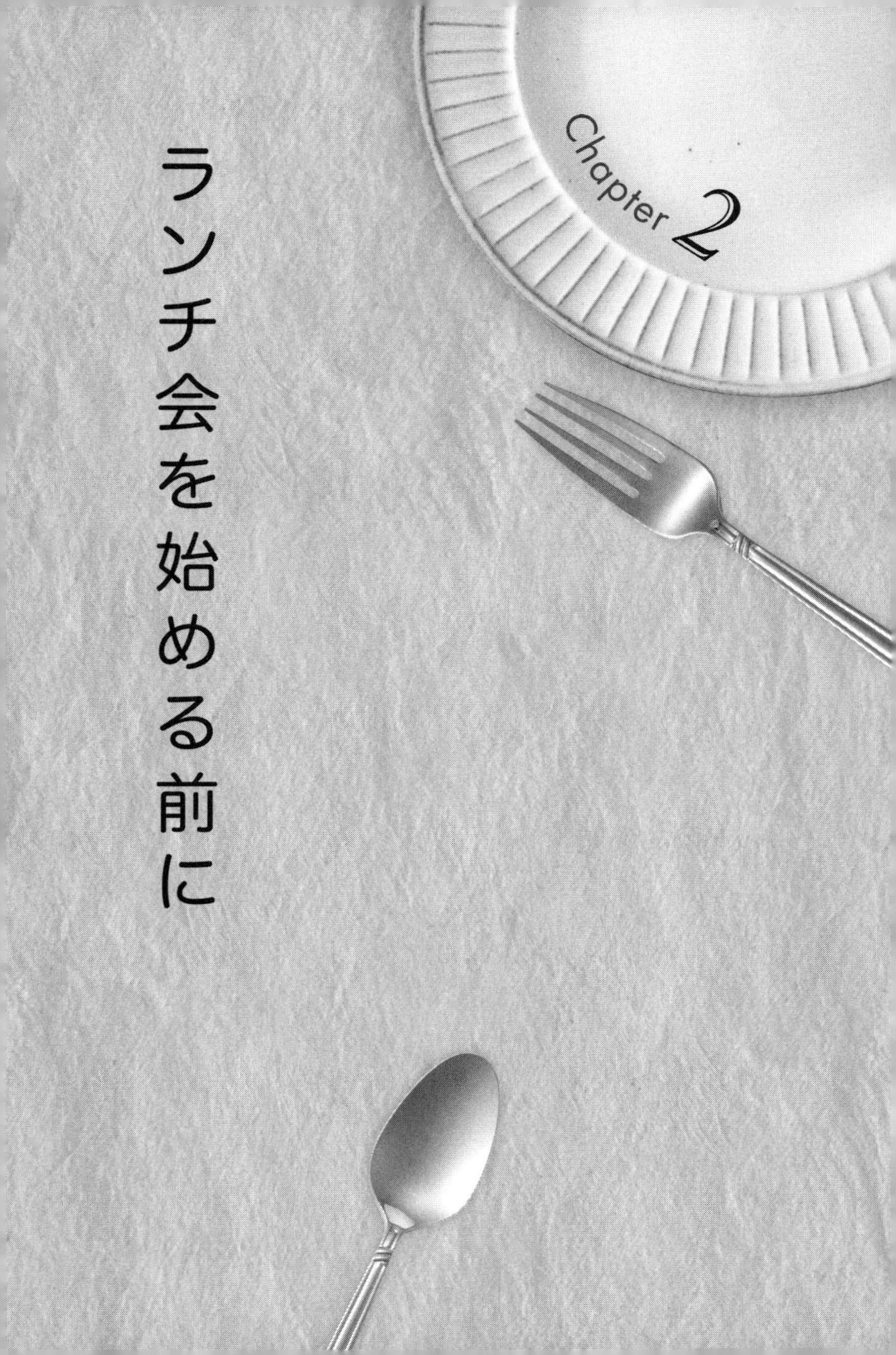

Chapter 2

ランチ会を始める前に

なぜランチ会を開催するのか3つのポイントを押さえよう

開催し続けるためにあなたの得たいものを明確に

　ランチ会を開催し続けるための「夢目標」を立てましょう。あなたの未来はどんなものだろう、どんな楽しいことがあるだろう、どんな会にしようかとリアルに想像して書き出してください。

　せっかくやると決めたのですから、楽しく長く開催していきましょう。あなたが楽しむことが続ける秘訣です。開催するメリットをいつも確認できるように、書き出したものを目につくところに貼っておくのもよいですね。あなたのビジネスのステージによって、メリットを生み出せます。どんどんそのメリットを感じ、発展していってくださいね。

　あなたはどんなときにどのような感情を持ちたいですか。また具体的に成果として目に見えるものはどんなものでしょうか？　例えば、起業初期であれば、お客様の悩みを聞ける、モニターで体験に来てもらえる、ランチ会の常連になってもらえる、食べたい料理が食べられる、楽しい、充実感、仕事の紹介ができるなどでしょうか。

サークルやお教室の主催者であれば、チームの結束力を高めたり、メンバーのメンタル的なフォローをするなど、具体的にしましょう。

何を得られるとしたらあなたはランチ会を開催し続けられますか。ぜひともワクワクをイメージしてください。みんな笑顔でランチをして、みんなに来て良かったとメッセージをもらえた。リピーターさんができてコミュニティができた。参加者さんから講座へのお申込みがきた。参加者さんからの紹介で新しい人がランチ会に来てくれたなど、こうなったらいいなというイメージをどんどん思い描きましょう。

3つのポイント

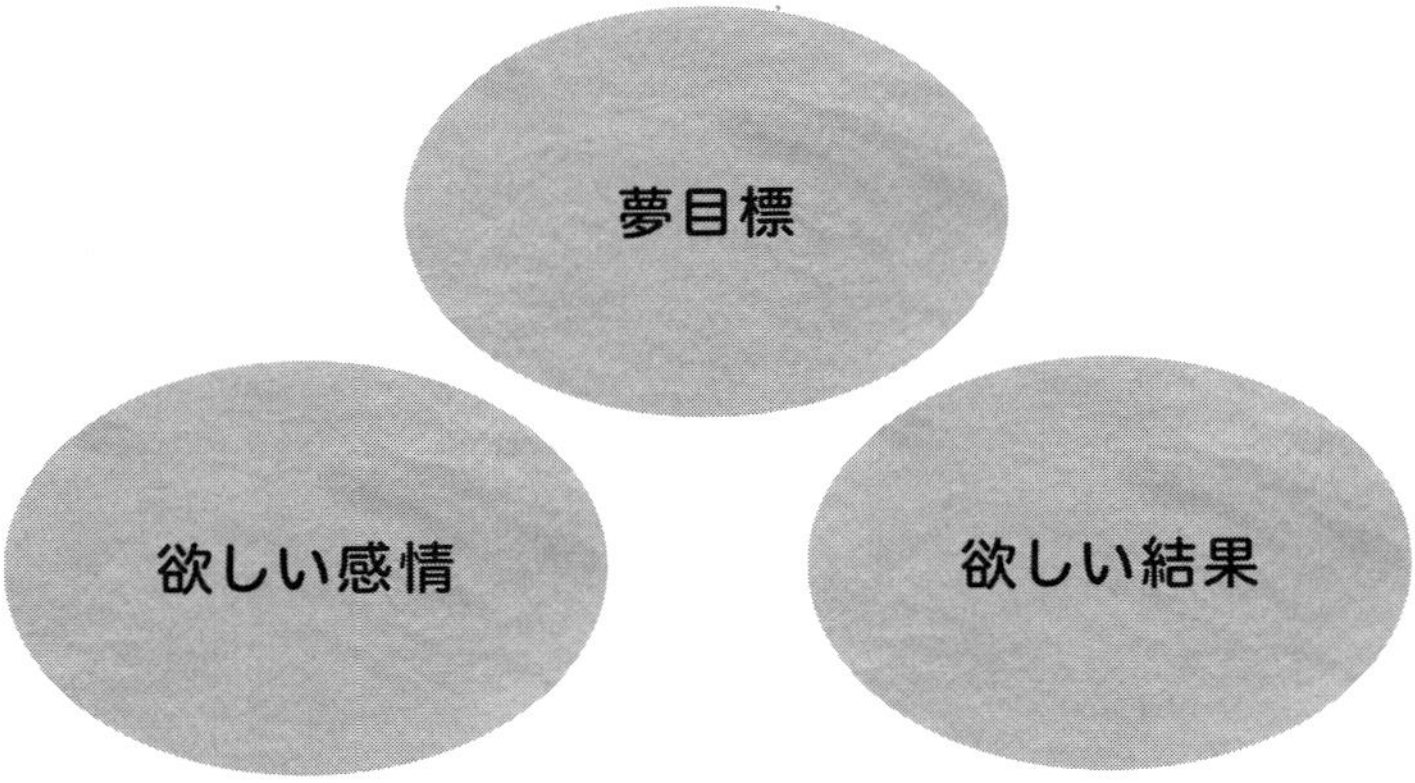

多くの起業初心者が経験する行動を止めてしまうお困りポイント

フェイスブックで告知して知らない人から変なコメントがついたらどうしようと思ったり、昔の知り合いからの反応が怖かったり…。実はこれは過去の私です。他者からどんなことを言われるのかとても気にしていました。やってみて気がついたのですが、他人は自分のことにさほど興味もないですし、続けているうちに慣れてきます。

もし何か反応があっても、一時のことです。その一瞬のことへの恐怖が大きすぎて、行動できないという方が多いのです。この壁をぜひ軽やかに超えてくださいね。それでも怖いと思う方もいると思います。

自分で納得したものを投稿しましょう。〇〇さんがこうやった方がいいといっていたからというような理由で、納得していない記事を出すのはおすすめできません。

また、個人的に直接誘うことに抵抗を感じてはいませんか？　誘って嫌な思いをさせてしまったらどうしようとか、相手に売り込みと思われたら嫌だなとか、誘いに対しての意味付け、思い込みが自分自身をつらくさせているケースです。

売り込みではなく、お知らせすることで相手と楽しい時間を共有できたらそれは幸せなことだと思います。悪いことをしているわけではありません。

なぜお誘いが悪になってしまっているのか、考えてみましょう。何かに誘って断られることに対してどんな意味をつけていますか？　意外に思われる方もいると思いますが、これは人によって実は感覚が違うんです。

というのも、誘うのが嫌な人は、誘われて断るのが苦手な人です。断られると自分自身を否定されたように感じてしまうこともあります。しかし、そうではありません。それとあなたの価値はまったく関係ないです。

また前提として、あなたが誘っているランチ会は、相手にとっても有益な楽しい時間になるはずです。あなた自身が立案していることにもっと自信を持って大丈夫です。

最初から完璧な人はいません。一つひとつ経験してブラッシュアップしていきましょう。

人間関係を育てる感覚を思い出してみてください。SNSで友達になりたてなのに、○○にいいねをしてください、メルマガに登録してくださいなど、まだあなたが誰かわからないのに急に売り込みをされたという経験があると思います。このとき、ムッとしたことがあるかもしれません。

これが基準になってはいけません。なんの関係も構築していないのに、あれしてこれしてとすぐに依頼している人もいますが、数にこだわっていることがあからさまに伝わる方法は、あなたにとっても不本意だと思います。

私が伝えたいのは、せっかく出会った方と長く素晴らしいお付き合いができる関係構築をランチ会を活用して行っていきましょうということです。ランチ会はとっても楽しいものです。あなたのお気持ちを大事に、相手を大事に。

長く楽しくお客様とよい関係を続ける秘訣

私はお客様と長期的なお付き合いをさせていただくことが多いです。お付き合いを継続していくことで大事だと常々思うのは、直接接する時間を持つこと、会話をすることです。大手企業と、個人で仕事をされている方ではマーケティングも営業戦略もまったく変わってきます。個人の強みは何でしょう？　あなたができることは何でしょう？　特に一人で仕事をされている方は、あなたの人柄が何よりも差別化になることがあります。仕事とプライベートの垣根を超えるということがちょっと流行りになったこともありますが、あなたがもしビジネスライクな付き合いしかしないと寂しい思いをすると思います。

お客様はもっとあなたとの会話や時間を求めています。そして、それに耳を傾けることが、今後のビジネスチャンスにつながっていくのです。ランチ会はピッタリですね。

ランチ会のコンセプトやあなたのおもてなし次第でお客様がファンになってくれることでしょう。あなたらしさを大事にしていきましょう。他の方が開催している会に出向くと、自分にはない要素に自信をなくすことがあるかもしれません。

ですが、心配はいりません。ないものを補うことも必要かもしれませんが、今あるあなたらしさを大事に評価してあげてください。

例えば、話しをするのが苦手な方は、参加者さんがおしゃべりを楽しめるように雰囲気づくりに徹するのもよいかもしれません。配布物で気持ちを表すことも可能です。感謝の気持ちをカードに書いたり、参加ルールや参加者さんのお名前や職業を一覧にしてお配りしたり、様々な工夫ができます。参加者さんのお名前を記す場合は、情報掲載をイベントページに明記して了解を得るなど取り扱いには注意してください。

あなたが来てほしいお客様は誰?

具体的にお客様候補をイメージするわけ

あなたが来てほしいお客様を意図することができます。こんな方に来てほしいと堂々と伝えるのです。ですが、最初は自分でもそれがわからないと思います。

あなたの気持ちと、お客様のニーズを一個一個確認していきます。お客様を選ぶのは傲慢なように思うかもしれませんが、それは逆です。自分のスタンスを明らかにしておくことは誠実さの表れです。

よりお客様に満足していただくため、そしてあなたが幸せに運営していくためにもはっきりとお客様候補のイメージを決めます。できるだけ具体的にしましょう。

イメージするとわかること

来てほしいお客様候補を誰に設定するかは、様々なところで影響します。

まずはある程度、イメージしてみましょう。どんな仕事をしている人ですか？　いつがお休みでしょうか。開催日をいつにするかを考える際に、役に立ちます。

何歳ぐらいでしょうか？　30代、40代、50代、60代、年代によってお好みも多少違ってくるでしょう。おしゃれなイタリアンがよいかもしれませんし、和食懐石でちょっぴり豪華なのも素敵です。

どのあたりにお住まいの方でしょうか？　場所選びの参考になりますね。どこを商圏として開催したらよさそうでしょう。東京でいうと、銀座、青山、六本木、自由が丘など、その街の雰囲気があり、それぞれの世代やお好みで選ぶとよいですね。

告知はどこでしますか？　世代によって主

イメージするとわかること

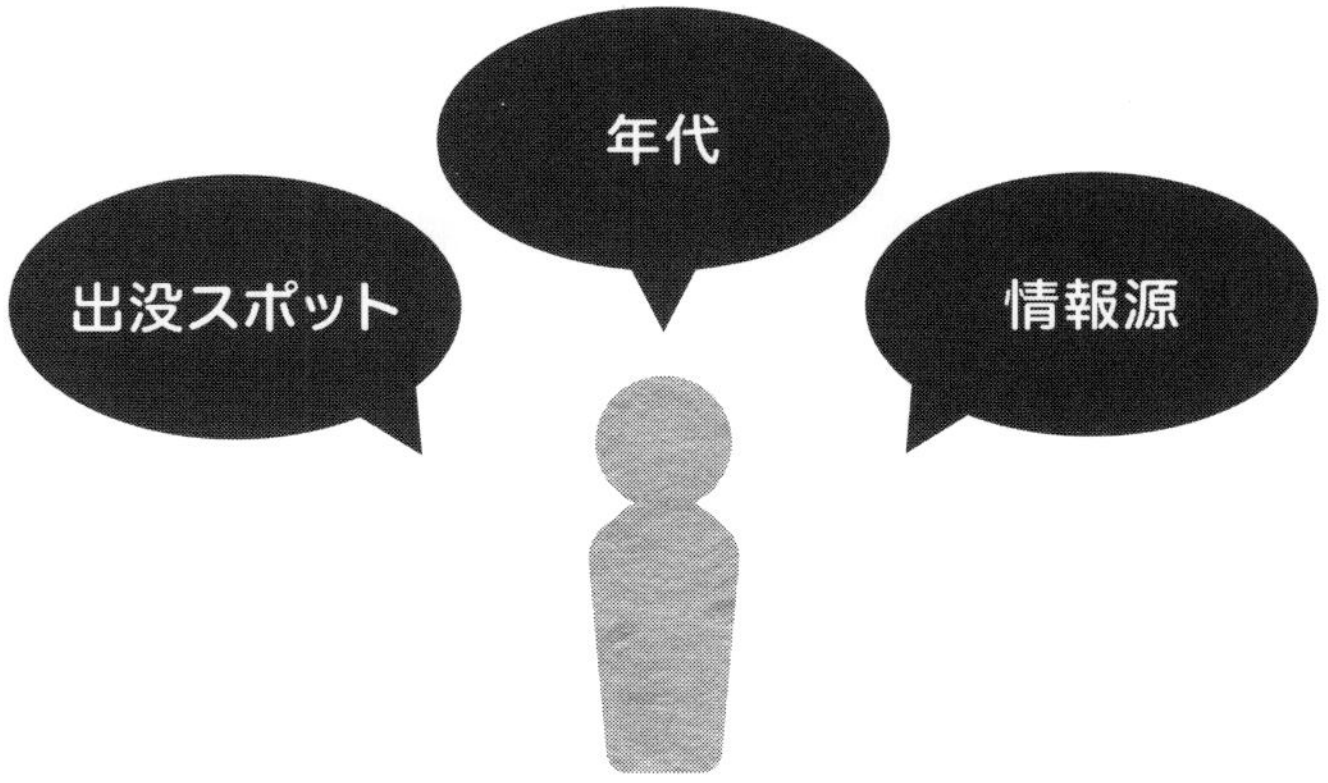

力のSNSが違いますし、情報の取得方法も違うでしょう。

だからこそ満足度もリピート率も高い

しっかり来ていただきたいお客様候補を定め、その方々に尋ねてニーズを把握します。だからこそ、満足度を高めることができるのです。

ランチ会にお越しになるお客様のことを知ろうとする意識は主催者として大切です。様々なお客様のニーズを満たそうとするとコンセプト自体がブレて結果、中途半端になってしまいます。はっきり決めることは他を捨てることになるのではないかという不安が拭えない方も多いのですが、逆に誰にも選ばれないということになりかねません。

私も不安に思っていたのですが、ランチ会を開催するときに明確にコンセプトを示したおかげでこの人にという方にお越しいただけた結果、お客様同士の出会いが有意義になり満足度が上がりました。

お客様同士が響きあうことで会の満足度が上がり、リピート率が高まるのです。

誰でもオッケーでは難しい

やり始めると人が集まるかどうか不安で、とりあえず誰でもよいから来て、という心境になることがあります。その気持ちはわかります。

ですが、そんなランチ会は、自分で自分を苦しめてしまうのです。誰を基準に判断したらよいのかわかりませんし、満足ポイントも想定しにくい。

メッセージ性も薄く、誰の心にも届かない。誰でもいいから来てほしかったのに、誰も来てくれなかったという結果だけは避けたいですね。

ご自身が誘われたことをイメージしてみてください。

例えば、いろんな人が集まって、おしゃべりしてご飯を食べるんだけど来ない？　と誘われたとします。どう感じますか？　行ってみたいでしょうか？　私なら躊躇します。いろんな人とは誰なのかな、行って楽しいのかな、話が合うかしら、時間の無駄になったら嫌だなと不安のほうが大きくなります。

ビジネスで考えたら、自分のつながりたいお客様候補がお越しになるのであれば行ってみようという動機が生まれたり、何かプラスになりそうだと思うことがあれば検討するでしょう。しかし会の情報が不明確で判断基準がなければ、そうはなりません。お客様のためにしっかり誰のためなのかがわかるようにしておきたいですね。

お客様がランチ会に行きたくなるニーズを高めよう

ただ「ランチ会にどうぞ」では難しい

ランチ会は、ただ「ランチ会をやります、どうぞ」というだけではお客様は来ません。あなたもSNSで様々なイベントのお誘いを受けると思います。そのときを思い出してみましょう。

どんなイベントに興味が湧きますか？　時折、一方的なメッセージが来てびっくりすることがあると思いますが、そうした違和感を感じるものは除いて考えてみましょう。順番としては、こういうランチ会があると認知するステップ、ここで行こうかなと候補に上がるかどうかの選択のステップ、実際に申込みをするステップがあります。

認知してもらうために、個別にお知らせしたり、目に留まる行動としてSNSを活用します。その後、行ってみたいという感情が動かないと次に行きません。

わざわざ時間を割いて行こうと思えるのは、何らかの興味があったり、行きたいお店や、何かが得られるなどの動機が必要です。それは潜在的な場合もあるでしょう。何を得たいのかを想定して、このランチ会はそれを得られそうだ、楽しそうというイメージが伝わるように写真やお誘いの文章を書きます。言語化して伝えることはとても大事です。わかっているだろうでは伝わりません。

お客様が喜ぶ顔をイメージ

人が動くには動機が必要です。なんとなくワクワクする、行ってみたいという気持ちになるかどうかをイメージします。そのイメージと会を重ねて言語化してください。

主婦やOLさんなら、なんだか雰囲気が良さそう、楽しそう、お友達ができそう、その輪に入りたい。起業家や男性なら、紹介しあえる人が見つかるかも、お客様候補との出会いがあるかも、協業したり情報交換ができる人と出会えるかも。というようにお客様のこれが欲しい、こうなりたいを具体的に考えます。

もっと具体的に

お客様候補が動く理由をぜひ見つけましょう。そして理由を盛り込み、伝えるのです。こちらが思っていることと違う場合があるので、一度参加した方に確認しましょう。

どうして参加したの？　参加して良かったと思うのはどんなところ？　と答えやすい質問を投げかけてみましょう。これがズレしていると人が集まりにくいです。

お客様の求めていることを反映しようと考えたとき、迷いが生じることがあります。それは聞けば聞くほど、人によって言うことが違うということです。聞く人を間違えてはいけません。必ず、あなたが呼びたい人に聞きましょう。想像だけでは得られない気づきがあります。

ランチ会でお客様との関係性を深めよう

ランチ会を誰に向けてどうするかは毎回設定できる

ランチ会を開催するとなると毎回同じコンセプトで同じ対象に向けて開催しなくてはならないという思い込みがあるかもしれません。ですが、毎回変わってもよいのです。続けるものがあってもよいし、単発や限定的に開催してもよいです。

あなたに会いたい、ランチ会が楽しそうだから行きたいという人が増えてきたら、自由度も増してきます。私の場合は、ランチ会と合わせて神社仏閣に遊びに行ったりします。一緒に楽しく、時間を過ごせること自体に価値が出るのです。関係性の強さ、お客様のあなたに対しての信頼度に合わせた提案もよいですね。

あなたに興味があって会いたいと思っている人と、テーマやそこに来る人に興味関心がある方がいます。なぜ集まっているのか、どんな人が現在周りにいるのかを、お一人お一人の顔を思い浮かべながら書き出してみましょう。もちろん、同じコンセプトで続けてもオッケーです。その安定感もお客様に喜ばれるひとつの要素です。

あなたを知ってもらえるチャンスを活かす方法

ランチ会を主催することは、今まであなたのことを知らなかった人に知ってもらうチャンスにもなります。どういう場面で知ってもらえるのかというと、例えばフェイスブックで公開イベントを立ち上げます。そのイベントページの機能で招待することができます。招待された人が未定を押すと、イベントページ上では興味あり、タイムライン上にフォローしましたと表示されます。また、参加の場合は参加予定とイベントページに表示され、タイムラインにも○○さんが参加しますと表示されます。

そうすると、いずれかのボタンを押した方の友達にも表示されます。まったくつながっていない方にもイベントページのリンク付きでフェイスブックに表示されるのがメリットです。

ブログでもいいですし、フェイスブックのイベントページでも、友達や知り合いの方にシェアして紹介いただくことでさらに広がります。

ただ、このシェア依頼をするかどうかはよく考える必要があります。というのも、これは皆さん葛藤することが多いです。ご自身が紹介依頼をされて嫌な気持ちがしたことがある方ではないでしょうか。その嫌をもうちょっと分析してみましょう。

自分がよいと思っていないものを紹介すること？　相手のことを知らないのに…。自分にメリットはないのに…。全部コピペの文章だったな…。

これをもっと掘り起こしてみると、相手のことを心から推薦できる関係性の人だけを紹介したい自分に気がつくかもしれません。

相手の紹介依頼方法が自分には雑に感じて、頭数をそろえる為に依頼したのがよくわかって、嫌な気持ちになったということもありますね。紹介依頼を受ける側の立場で考えてみると、ただシェアしてくださいではダメだということがよくわかると思います。

これはまた後ほどお話ししますが、どのように紹介してもらうか、紹介者があなたにどんな感情を抱いているかはとても大事なことです。丁寧にお願いし、まだ知らないお客様候補が反応しやすいようにシェアしてもらう文章も用意しましょう。紹介依頼でお断りがあったり、既読スルーのときもあると思います。相手の反応は自分でコントロールできませんが、心を込めてお伝えすることはできます。ご自身ができることに集中しましょう。相手の自由を尊重するイメージを持ってみると気持ちが楽になります。

もうひとつ、紹介依頼をすると決めたら、可能であれば多くの方に丁寧にお願いしてください。人数が少ないと1人当たりの比重が多くなりすぎて、反応が気になってつらいかもしれません。

ランチ会のちょっとした魔法

ランチ会を開催していると魔法が使えます。怪しい話ではありませんよ。ランチ会は人と親しくなる要素がそもそも入っています。

ひとつは、あなたが楽しいと感じることができるものなので、その楽しさを伝えやすいことです。写真を撮影してその様子をお伝えすることもできますものね。

次に、ランチ会は料理が大事です。料理の美味しさがあなたの会を大いに盛り上げ、花を添えてくれます。あなたの選んだお店の雰囲気も魔法のひとつです。その雰囲気、風格があなたの会を盛り上げて、まるで魔法をかけてくれているようになります。どういうことかというと、人は会場の雰囲気に合わせて行動します。

どんな会にしたいのかと、会場選びはリンクしています。イベントページやＳＮＳでの発信で会場の雰囲気や会のコンセプトをお知らせしておくと、自然とお客様が反応してくださいます。

ランチ会から何に誘導するか導線をイメージ

ランチ会からの導線

ランチ会をしてどんな意味があるの、と思ってしまうこともあるかもしれません。そんなときはランチ会の位置づけと、その後の導線を見える化しておきましょう。

ランチ会から講座へ。ランチ会から個別相談へ。ランチ会からワークショップへ。ランチ会から体験会へ。講座からバックエンド商品へつながっていくことがイメージできますか？　講座などのフロントエンド商品への集客からミドルエンド商品で、人数が減っていくのはおわかりかと思いますが、バックエンド商品に進むとさらに少なくなります。フロントエンド商品への集客が苦戦していると、その後苦戦しやすいのです。

もちろん、確率を上げていくことは可能ですが、フロントエンド商品にお越しになる前の脱落者をできるだけ減らしておきたいのが本音ではないでしょうか。

あなたの本命商品であるバックエンド商品でお役に立てる方を増やすために、その入口を入りやすいものにしたのがランチ会です。

仕事以外で活用したい方は、趣味のサークルやボランティア活動など人が介在するものであれば、ランチ会は有効です。人間関係がスムーズになりますし、ゆっくりお話ししながら日頃考えていることなどを共有することができます。

例えば、発表会に向けて役割分担をする際、新規メンバーの募集時、地域マンション役員をスムーズに決めたいとき、ボランティア活動の定着率を上げていきたいときなどもよいと思います。

大それたことでなくてもよいのです。もし先ほどの例に当てはまらなくても大丈夫です。

まずは、なにもないけれど、いつかやりたいことがあるからその前につながりをつくっ

ランチ会からの導線

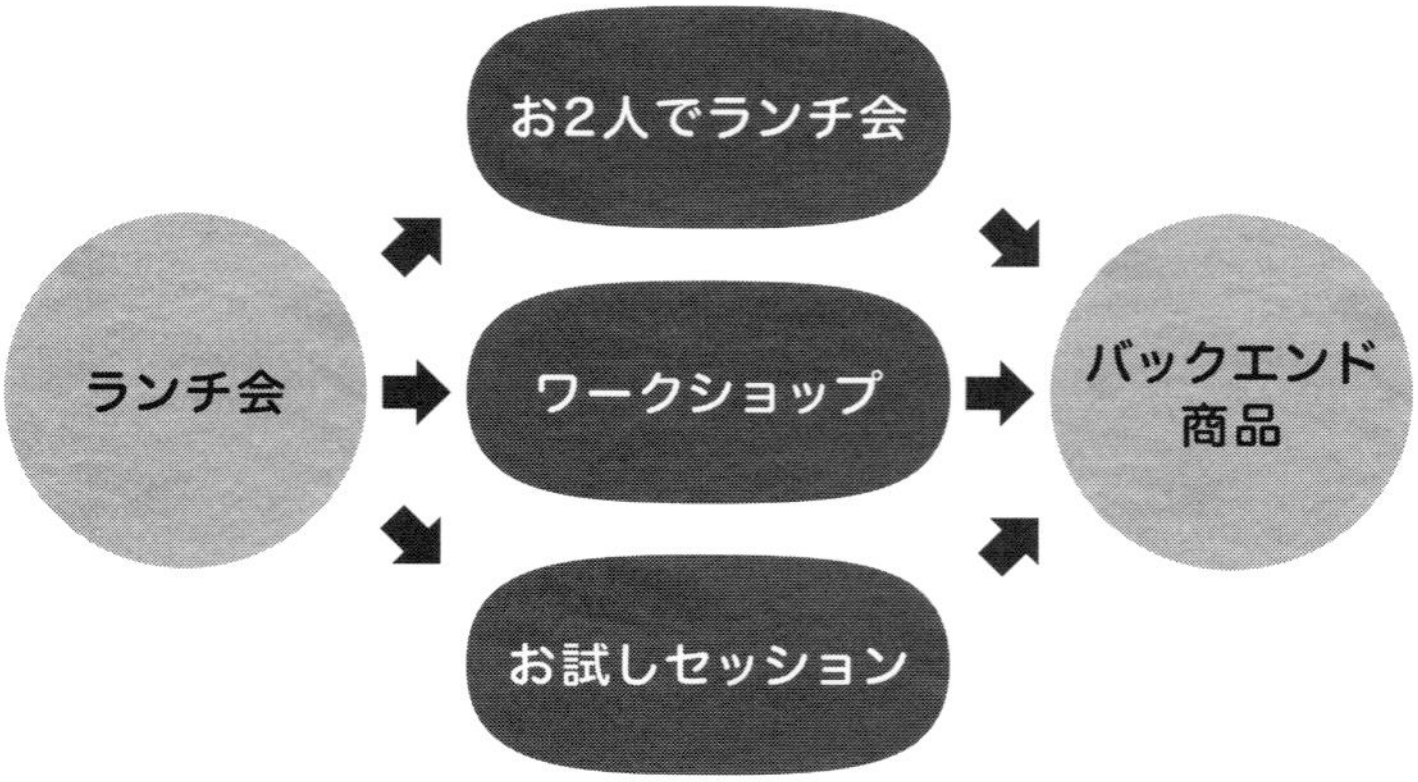

ておきたいということでもよいのです。何かするときに協力してくれる人、仲間、友人をつくりたいという目的もひとつの動機ですよね。そうした場合は、まず来てくださるお客様に楽しんでもらう、貢献しようというスタートがおすすめです。ランチ会を通したコミュニティを持っていることは、今後あなたの売りになっていくはずです。

ランチ会を起点にして地図を描く

せっかくランチ会を開催しても、その前後の道筋をつくっていないと迷子になってしまいます。ランチ会を起点に、あなたのプランを広げてみましょう。

地図を描く前に、この地図は無限の可能性があること、進んでいく方法はあなた次第であることを意識してください。

苦手なところは砂漠が広がっているように思うことがあるかもしれません。しかし、楽しいな、できるなというポジティブに進んでいけるところもたくさんあるはずです。

例えば、仕事でランチ会を開催する場合は、ランチ会の前にお客様候補とどこで出会う？　ランチ会に来たお客様とその後どうお付き合いしていきたい？　お客様に貢献できる商品を用意できているか？　お客様の背中を押してあげる方法は用意しているか？　など、その前後の流れをイメージし、具体化しておくことは大切です。

ランチ会に集客して次のステップに進んでほしい場合は、特にお客様を集める前からビジネスプランをイメージしておけるとよいのですが、ランチ会をしながら固めていくこともできます。地図を描く、イメージを持っておくことは大事で、何を変更するか見えないと変えようにも何もわかりません。

ゆっくり進みたい方は焦らずに、どんどん加速させたい方はまず仮定して、ランチ会から次のステップの講座や体験会、バックエンド商品などを案内してください。流れがスムーズになるはずです。

あなたらしい無限の可能性

ランチ会の開催は、あなたらしさを表現できます。端的な言い方をすれば、ランチ会はお昼ご飯を複数人数で食べることです。誰も何も制限していません。

どう開催していくのがよいのかは、あなたやあなたのお客様が一番わかっているはずです。そして、あなたのやりたいこともあなたの中にきっとあるのではないでしょうか。答えを誰かに出してもらうとか、正解を求めることはありません。あなた自身と、お客様の反応にその答えがあります。ランチ会の中でぜひ実現してつかみとってみてくださいね。

ランチ会を通して、あなたがお客様候補やお付き合いしたいお客様とつながり、関係性をつくっていくことは、これから何をするにしても必要なことです。お客様と信頼関係ができていれば様々なことにチャレンジすることができます。

あなたの可能性、そしてあなたらしさを発揮するその筋道を、ランチ会で見つけることができます。誰かとコラボしたり、場所も特別なところに行ってもよいですよね。具体的な案があったほうがイメージしやすいと思うので、バリエーションをご紹介します。

バリエーション紹介

どのようにして展開していくのか、イメージがしやすいようにバリエーションをご紹介します。あくまで参考ですので、ご自身の発想を広げるヒントとしてご活用ください。

まずは1つ目は、あなたが仕事で活用する場合、ターゲットのお客様候補が重なる方とコラボレーション企画を開催し、その後、講座開催なども一緒するのもよいでしょう。

よい形で実現できれば、お互いにつながりを広められますし、参加者さんにとっても世界が広がるチャンスにもなります。注意するポイントは、あなたの既存のお客様が喜ぶコンテンツを持っている方か、もしくはお客様候補を集められる方です。

どちらもない、もしくは同じくらいの方とコラボしても、それほどお客様候補は集まりません。なので、集客を期待してコラボするときは注意してください。自分だけがんばっているとか、なんだか不平等な気がする場合は、せっかくコラボしても、その後よい関係が続けられないという事例が多いのです。それは事前の役割や、前提が共有できておらず、お互いに思い違いをしているケースです。

お互いによい形で進めるためには、事前によく話し合いをしてください。何が得たいのか、役割分担やお金のことを明確にしましょう。もしくは、きちんとその都度話し合え、一緒にやり切れる方を選ぶことです。

2つ目は、このコラボをずっと一緒に続けるのではなく、その回だけゲストで来てもらうということも考えられますね。

自分が主体となってあるコンセプトに基づいてゲストを選定、ゲストにはあらかじめ協力してほしいことをお伝えしておきます。

それで承諾してくれた方のみとコラボして、ワークショップや、トークショーを行います。満足度を上げることができますし、会員制でオンラインサロンをやりたい方も取り入れるとよいのではないかと思います。

3つ目は、交流会機能を強化して、目的を明確にした会を実施する方法です。

よりはっきりとしたコンセプトを持たせることにより、あなたの会の希少性や特色を出すことができます。

デメリットとしては、対象が限られるのでお客様集めが少々難航することがあるかもしれません。ですが、集めたい方がはっきりしているので、アプローチする人がわかることと、お客様へのお誘いも狙いを定めて行うことができます。

４つ目は、特定の何か食べ物を決めてそれを巡るというテーマと、何かコンセプトを掛け合わせてみるのも楽しいですね。

例えば、パンケーキのお店を巡り、そこで自分の事業と協業できる起業家さんと出会うのをコンセプトにするなどいろいろ発想できると思います。パンケーキつながりで、婚活をしている方、占いに興味のある方など、おしゃれでかわいいものが好きな女性は喜びます。

バリエーション

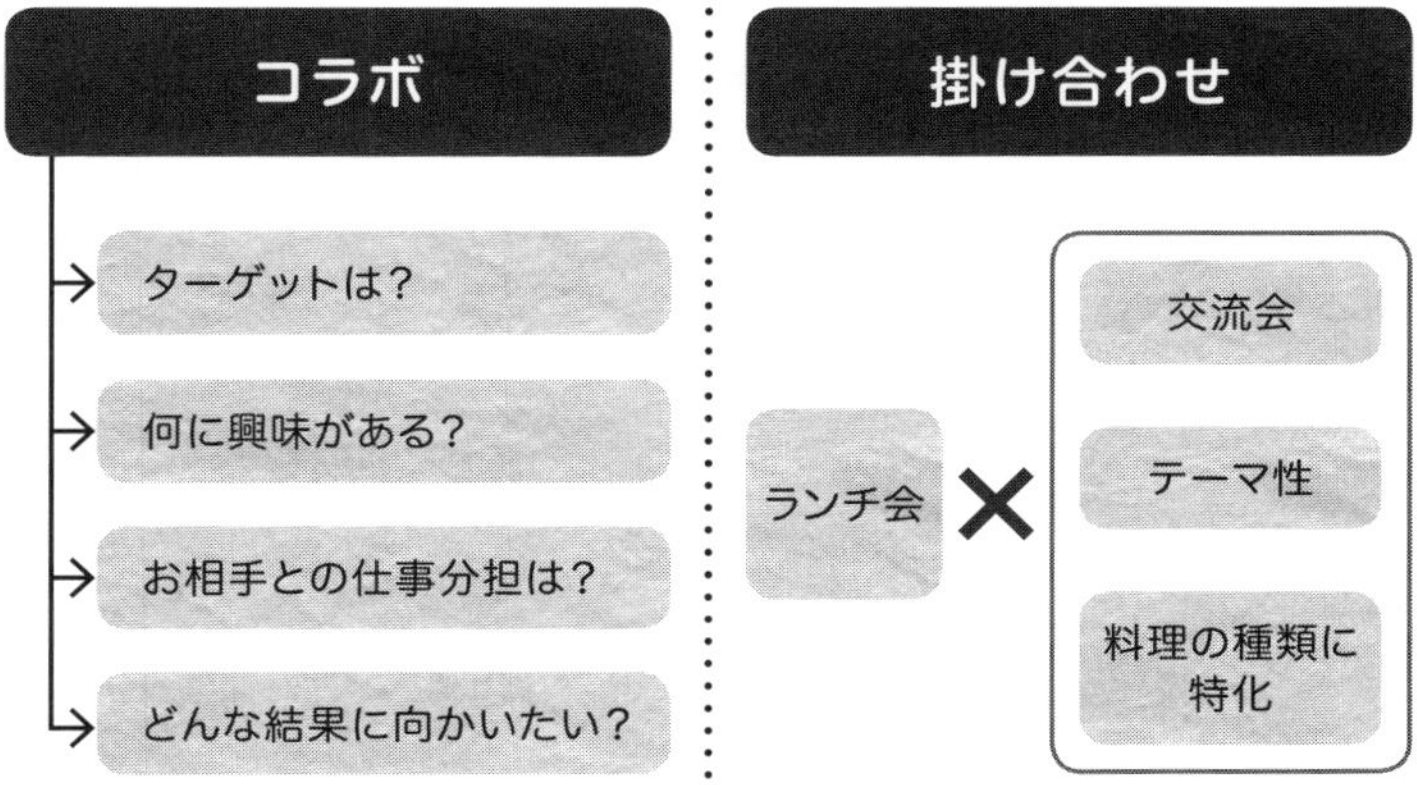

お肉のお店は意外と女性にうけますし、筋肉を育てている方にもよいですね。

基本的にはそのランチ会に行くことが楽しい、ちょっと素敵というイメージがよいです。

例えば、人には言えないと思っているコンプレックスを解決するための集まりであれば、工夫が必要です。婚活やダイエットなど、知られたくないと思っている場合、せっかく興味があっても出席自体しない可能性もあります。

人には知られないように、場所は申込者だけに知らせるとか、ランチ会の写真は顔は写さないなどの配慮が必要です。もしくは、婚活に興味のある方が共通して解決したいと思っている、例えばメイクや服装、料理、会話、コミュニケーション、お金、体のメンテナンス、占い、スピリチュアルにも興味があるかもしれませんね。間接的なものでお越しいただくのもひとつの方法です。

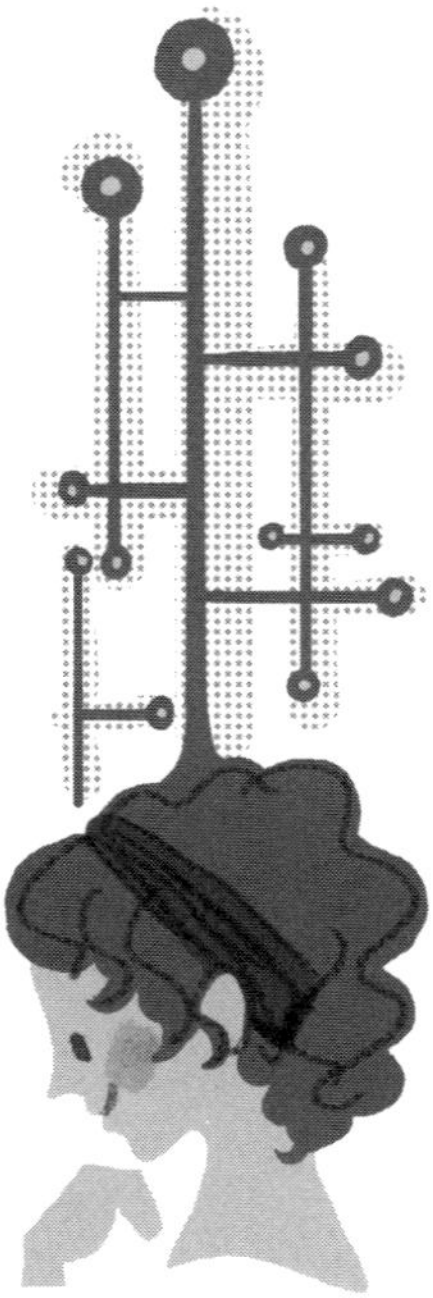

Chapter 3

ランチ会立案のポイント

立案から開催後までの流れ

立案時に必要なこと

ランチ会をどんな流れで開催するのかお話します。

まず、立案時点で必要な要素です。

1、何のために開催するのか
2、お呼びしたいお客様候補のイメージ
3、開催地の候補
4、2、3からランチの種類やお店に求める雰囲気
5、お客様の参加する理由や喜ばれる要素
6、開催日時

7、告知開始日
8、予告開始日
9、申し込み方法
10、告知場所、集客方法
11、他のイベントのリサーチ
12、参加料金の決定

告知はできれば1か月半前から、予告は2か月前がよいでしょう。告知とは、具体的に募集を開始してお客様候補が検討できる状態にしてあり、イベントページができているか、告知するための文章があって、それを発信することをいいます。予告は、大枠の日程が伝えられれば大丈夫です。

予告することの効果は、意識付けができることです。急に言われるとそれを受け入れるまで時間がかかります。すでに信頼関係が出来上がっていたり、行きたいと思っている人は、その日を空けておいてくれます。

告知場所、集客方法は複数用意します。申し込み方法は、複数のSNSやチラシなどを使うなら、申し込みフォームを活用するのも手です。例えば、フェイスブックでイベントを立ち上げて行う場合は、参加ボタンで確認し、メッセンジャーでやり取りをする場合もあります。

参加料金は私は普段は参加費実費にしています。

飲食代のみです。これはお客様候補に喜んでもらいたい気持ちからです。

今はネットで検索すればランチ代もわかりますし、目先の利益よりもその後のお付き合いを大事にしたいので、そうしています。

もしランチ会に特別な付加価値をつけている場合は、プラス料金を徴収してもかまわないでしょう。

毎回継続的にコンセプトを持ったランチ会をするとしたら、それはコミュニティを目指せますので、プラス料金でフェイブックグループを運営して交流を後押しするのもありではないかと思います。

例えば、あなたが何かの鑑定やリーディングをしている方であれば、参加者さんにワンポイントアドバイスやプチ鑑定をすることは付加価値になります。どこまでが参加特典で、どこからがビジネス料金なのかを見極めてくださいね。

ランチ会で重要な会場選びのポイント

どんなお店がよいのか

あなたのお客様候補が喜ぶお店をイメージしてみましょう。年代や興味などによって、お店に求めるものがまったく違います。映えるイタリアン、格式ある和食、パンチのある韓国料理、手作り感あふれる家庭料理、オーガニックな野菜料理など、考えている以上にバリエーションはあります。

私が開催して参加者さんから「行ってみたかったけどなかなかチャンスがないお店だった」「こういうお店に来る方なら安心できそうだった」と喜ばれたのは、知らない人がいないほどの有名ホテルでの個室アフタヌーンティに行ったときのことです。参加料金や地域性が影響していることを実感した瞬間でした。

実はこのアフタヌーンティのを企画は事前にアンケートを行い、その結果を反映しています。

リサーチ、予告してお客様が興味を持ってくれているかテストし、その後告知するので、集客がスムーズにいきやすいのです。

お客様候補にとって行きたいお店とは

お客様の喜ぶ店を選ぶポイントは、お客様候補に聞くことです。もし聞く機会が持てない場合は、ネットでも結構ですし、意見を求めてみましょう。例えば、あなたとあなたのお客様候補が年齢や性別、趣味など違うことが多い場合、自分が思っていることとズレていることがあります。

候補に絞ると、的を射た回答を得ることができます。候補を絞るために、お客様候補のことを知りましょう。

例えば、お客様候補のSNSを見て、投稿にランチタイムのお写真を載せていることがあるので、どんなお店でどんなものを召し上がっているのかリサーチします。

また、それが普段からなのか、ちょっと贅沢な食事なのか、楽しみの一環で行っているお店なのか、投稿のニュアンスでわかるので確認しておきましょう。これで地域や好みなどの傾向がわかります。それをもとに、あなたの開催するランチ会のコンセプトと照らし合わせて2つくらい候補を挙げます。

女性がターゲットの会では、ちょっと背伸びして上質な時間を楽しむのはおおむね喜ばれます。

他には健康志向のお店、野菜をいっぱいいただけるお店、雑誌やテレビで取り上げられたお店は興味をひくものがあります。ランチ会のお店選びで、あなたの株をぐんと上げてくださいね。

お客様の喜ぶ顔が見られるお店とは

ランチ会でテンションの上がるお店を選べることは、ランチ会の満足度を大きく上げることができます。お客様が喜ぶポイントを認識しておきましょう。お客様はご自身でも様々なお店に行くことはできます。もし、あなたのお客様候補が富裕層であればなおさらそうですね。逆に、普段食事に気をつけているので自炊していたり、外食も特定の条件をクリアしているところにしかいかないということもあるかもしれません。

あなたの仕事や、コンセプトによって来てほしい人が明確であるからこそ、本当にお客様が喜ぶお店を選ぶことができます。お客様のことを深く知るということ。これがとても大事です。

理想的な会場選びのポイント

あなたのランチ会の相棒はお店の方です。来店時の案内、配膳、お皿の片づけ、次のお料理の出すタイミング、そろそろお時間というときの案内、料金の会計、領収書の用意など、お店のスタッフさんは普段から行っていることですが、会の運営上とても重要なポジションです。

その中でも、特に意識したいのが費用対効果です。例えば、1000円のランチとします。1000円のランチのお店は、全部同じクオリティではありません。メインの料理に、パン、スープ、サラダがついている場合、パスタにサラダのみの場合、パスタ、スープ、サラダ、食後のコーヒーがついているときもあります。

1000円のランチであれば、お客様の満足度にそう影響がないかもしれませんが、2500円のランチで品数もボリュームも少なかったら、なんだかがっかりしてしまいます。盛り付けがおしゃれだったり、雰囲気が最高など、品数やボリューム感がなくても納得できるかどうかが大事です。

お客様にどんな感情を抱いてほしいかイメージしてみてください。

次の7つを意識してみましょう。

1つ目、何より美味しいこと。美味しくないのは論外です。口コミ評価や実際に行って確認してください。口コミ評価がある場合は、5段階で3以下はさけた方が無難です。

2つ目、アクセスがわかりやすく、駅から徒歩5分圏内がいいでしょう。ランチ会で困るのが遅刻者が多い時です。入退室自由でない限り、お店にも主催者であるあなたも対応が大変になります。

3つ目、見た目が美しい、予約がなかなかとれないなど、特長のあるお店。内装が素敵で雰囲気がよいなど、あなたのお客様候補が喜ぶお店はどんなお店でしょうか?

4つ目、スタッフの方の対応が良く、協力的。お店に入ったとき、スムーズに案内してくれる、呼ばなくてもお水を持ってきてくれるなど、配慮のあるお店がよいですね。席への案内、スマートな対応でお客様も安心しますし、あなたの仕事も減ります。接客の質は電話の対応に比例するので、電話で予約すると判断基準になるでしょう。

5つ目、できれば近所に喫茶店や解散後に立ち寄れるお店があること。盛り上がって話しを続けたいことも多いですし、仕事関係であれば打合せすることもあります。ランチ会の後はちょうどティータイムでお店が混雑していることがあります。大人数の場合、入れるカフェがなかなかないということがあるので、事前に予約しておくというのも手です。

6つ目、写真を撮ってもオッケーなお店であること。写真NGだとせっかくのランチ会を知ってもらう写真が撮影できず、とても残念です。参加者全員がSNSで投稿するとそれだけの拡散効果を発揮します。

7つ目、個室があるとなおよし。名刺交換する場合や、ワークをしたり、何か食事以外のことをする場合はできるだけ個室がおすすめです。

あなたのランチ会のコンセプトにピッタリくるところが見つかるとよいですね。可能であれば一度は足を運んだことのあるお店からスタートすると気が楽だと思います。新規開拓する場合は、検索キーワードを工夫して探してみましょう。例えば「銀座　ランチ　女子会」「新宿　ランチ　おしゃれ」などです。そうすることで、よりあなたの理想に近いお店を選べます。

会場選び7つのポイント

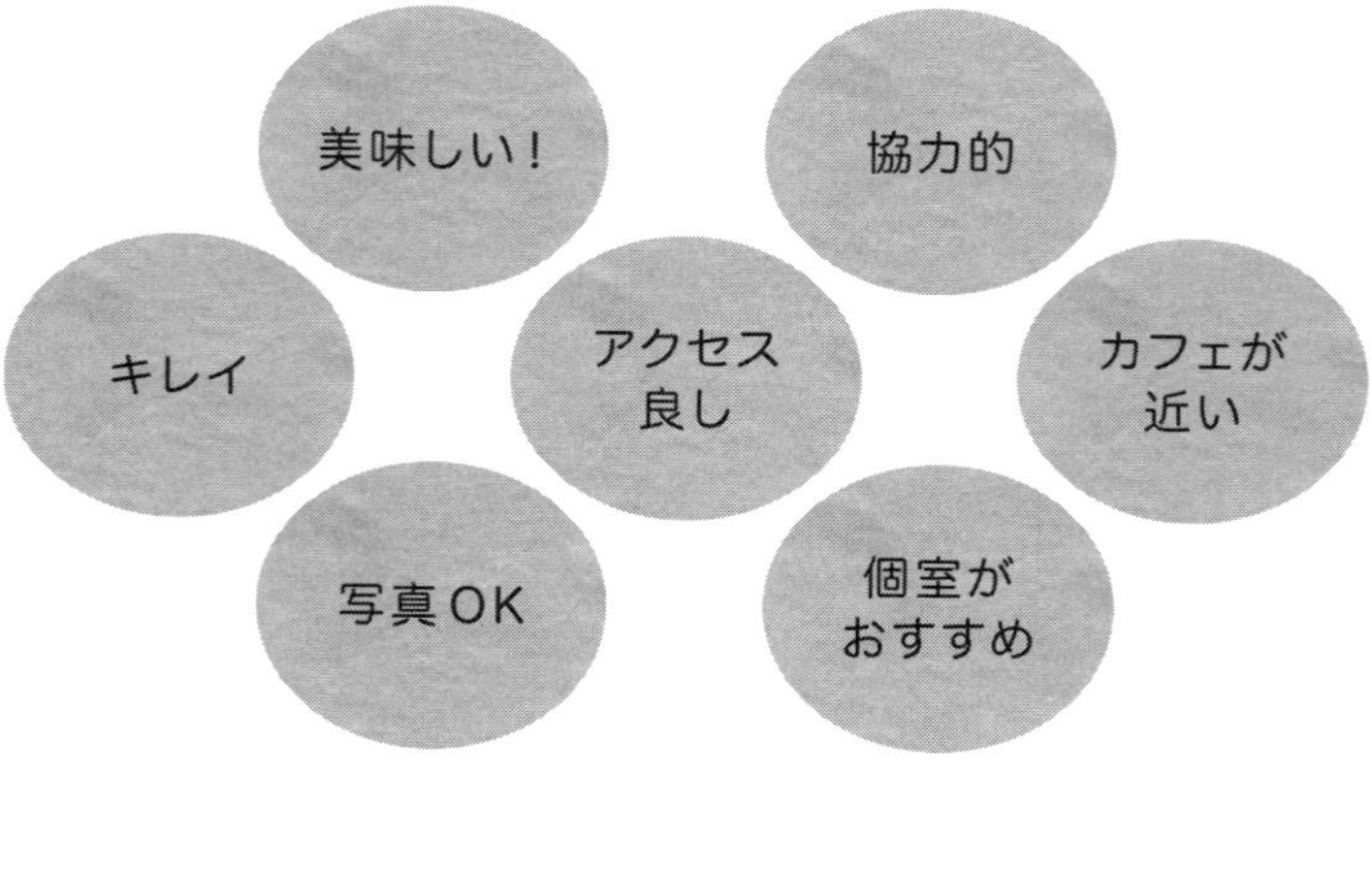

お店に求めるランチ以外のあるもの

ランチ会で大事なのは、スタッフの方の対応が丁寧なことです。

ホテルであっても、接客レベルは様々です。できれば一度確認しに行ってあなたが心地よく感じるところを探してください。実際に行ってみると、ホテルによってまったく雰囲気も異なることがわかります。

高級なレストランやホテルでなくても、素敵なお店はたくさんあります。温い心遣いをしてくれるお店はとても嬉しいですね。少なくとも「大人数で面倒なのに対応してやっている」という対応をするお店は避けましょう。

お客様を一緒に大切にしてくれるお店を選んでください。

味、おもてなし、楽しさを演出

ランチは味とおもてなしの部分はほぼお店が握っているので、お店選びが大事なのは十分に伝わったかと思います。

ランチ会をスタートしたばかりのときは、特にお店の質がよいところを選んでください。高いお店ということではないです。目配り気配りのできるお店にします。例えば、入り口でしばらく待たせているのに声をかけない、目が合ったのに知らないふりをするお店では安心してお任せできません。

楽しさというところでは、話題のお店に行くのもよいですが、ランチ会を開催する場合は必ず予約して並ばずに入ることができるようにしましょう。

個室のお店や人気のお店では、お店が独自に決めているルールもあります。ネットで掲載されているので確認し、気になることは電話で直接聞きましょう。

そして、90分制のところは避けましょう。ランチ会の時間としては短いです。最低でも120分は必要です。

回転率を上げたいお店としては入れ替え制をとっている場合があります。入店から退店すべて込みで120分など厳密なお店もあります。どうしてもそのお店にしたい場合は、お客様に事前に当日の退店時のご協力をお願いしておくとスムーズでしょう。

趣旨に合わせて選定を

ランチ会の趣旨に合わせて会場を選びます。

例えば、サルサのダンス仲間とランチ会をするとします。ダイエットにも関心があって週3回はジムなどに通い体も鍛えているとします。その方たちをどんなところに案内しますか？　ダイエットでの食事制限も様々あるので、どんなことに気をつけているのかを確認しておくとよいですね。

次の例は、女性起業家同士のランチ会とします。やはり女性同士が集まると賑やかです。美容やセラピー、イメージコンサルタント、カラーなどご自身が商品となるような華やかな仕事の方が多いなら、特に写真映りがよいお店にしましょう。皆さんＳＮＳに載せますし、イメージを重視されます。イタリアンやアフタヌーンティーが喜ばれます。他にも盛り付けが素敵な和食もよいですね。

会場のリサーチ方法

地域、料理のジャンル、雰囲気の3本柱

ランチ会の会場決めも楽しく行いましょう。来てほしいお客様候補をしっかりイメージした上で、推定したいですね。その中で選ぶ基準は、開催する地域、お料理の種類、お店の雰囲気です。この3本柱を意識してください。

これは絶対という選ぶ基準を持ち、その上で検索したり、紹介依頼ができたら開催するお店を見つけるのもそう遠くありません。もちろん、料金も大事な要素です。価格帯は一概にいえませんが、どんな会をしたいのか、誰に来てほしいのかで変わってきます。私が実際に開催したオープンな会では1000~5000円の間で設定していました。

料金や地域はよくても、接客と料理の盛り付けが微妙なこともあります。これは残念だったねで片づけてはいけません。あなたが主催しているランチ会の不手際ではないにせよ、影響はあります。

参加者さんは露骨に顔に出したりはしませんが、テンションは下がってしまいます。

ご厚意でランチ会の後にSNSに投稿してくださる方もいます。その投稿で喜んでいる様子がうかがえると嬉しいですね。ランチ会の会場は気負いすぎなくてよいのですが、納得して選びましょう。

インターネットでの探し方

今はとても便利な世の中ですね。ホットペッパー、ぐるなびなど、お店の情報がネットで掲載されています。地名プラス料理のジャンル名、例えば「銀座　イタリアン　女子会」などで検索してみるのもおすすめです。

お店の口コミ、写真を必ずチェックします。口コミをチェックしてみると、雰囲気がわか

地域、料理のジャンル、雰囲気の３本柱

ります。同じようなシチュエーションで使っていることが多いようであればお店の方も慣れているので、開催時に違和感を感じることは少ないはずです。

予約をとるとき、可能であれば電話するとよいですよ。というのも、どのくらいまであれば人数変更が可能なのか、いくつか選べるメニューがある場合は事前に相談できます。ネットで予約をしても電話連絡があることも多いので、こちらのペースで予約時に確認できたほうがイベント立案が早くできます。人数変更は前日まで対応してくれるお店がありがたいです。経験上、当日の開始前まで対応可のお店もありますが、できるだけないように気をつけたいですね。

電話がよい理由がもうひとつ、お店の接客のグレードがわかります。最低限の対応ができていないお店や不親切な印象の場合は、違うお店に変更します。お店のチョイスが、あなたの評価につながるといっても過言ではありません。

紹介

あなたのお知り合いにも詳しい方が何人かいると思います。ぜひ教えてもらってみてくださいね。紹介してもらうためにどう質問するかが大事です。誰と行く、どんな会なのか、料金帯はどのくらいなのかを伝えましょう。「よいお店を教えて」では漠然としていて互いのイメージにズレが生じる可能性があります。

紹介されたお店でランチ会を開催した場合は、開催後に必ず紹介者に連絡をとってください。相手は気に入ってもらえたか気にかけています。そうした心遣いが、今後の関係性も深めてくれるはずです。

キャンセルポリシーのつくり方

キャンセルポリシーとは

キャンセルポリシーは、あなたの人柄やスタイルが出るので、よくよく考えてつくりましょう。備えておきたいのはドタキャン、当日の無断キャンセルです。そして、ランチ会の会場のキャンセルポリシーもよく確認します。

一般的には前々日もしくは前日からキャンセル料金がかかることが多いようです。当日キャンセルは全額に設定しているケースが多いです。実際にかかるかどうかはお店によって違います。

あなたが一生懸命に準備しているのに、ドタキャンや連絡がないなど、がっかりすることがあるかもしれません。その苛立ちから、どんどんキャンセルポリシーを厳しくする方がいます。そのキャンセルポリシーを見たお客様候補はどう感じるでしょうか？　キャンセルポリシーの表現一つとっても、あなたのイメージや人柄を感じるものです。

なぜ必要なのか

あなたとお客様が気持ちよく過ごし、悪質なドタキャン、お客様とのトラブルを避けて楽しく運営をしていくためです。何かあったときにキャンセル料金などを正当に請求できます。

長く続けるためには、がっかりするお金の支出はできる限りなくしましょう。

キャンセルポリシーはお客様へのお願いです。大体の方がキャンセルポリシーがなくても配慮をしてくれますが、様々な価値観があるので、当たり前や普通が変わります。

個人の価値観に関わってくるところで、どれだけ厳しいルールにしても、ドタキャンする人はいます。一方的に自分の主張を押し通す人もいます。ですが、キャンセルポリシーをつくっておくことによって、あなたがお付き合いをしたい方は守ってくれるはずです。私たちもお客様を尊重しますが、お客様も尊重してくれる関係がベストです。

事前にルールを共有しよう

もうちょっと具体的に、どんなルールで実施するのかを確認しておきます。いつ申し込みが完了しているのか?、いつまでキャンセルできるのか? そのラインを明文化しておくことをおすすめします。

気持ちで解決しようとすると、明確な基準がないのであなた自身が個別に判断しなければならず、それはそれで大変です。またこのポリシーがあるからドタキャンを回避できることも実際にあります。

必ずチェックしておきたいのはお店のキャンセル料です。お店の規定で当日キャンセルは全額負担なのに、あなたのキャンセルポリシーが当日キャンセル無料だとあなたがキャンセル料を負担することになってしまいます。

私の経験上、多少の人数の増減は対応可能なお店も多いですが、コース料理を注文した場合やお店が人数に合わせて仕入れをしている場合は、キャンセル料金が発生することがあります。決めにくいことほどはっきりしておくことが大切です。

キャンセルポリシーの例

自動返信メールに入れ込んだキャンセルポリシーの参考例です。私は自動返信メールに入れ込むようにしています。先に大枠の確認事項は、ざっと申込時のページに掲載します。

【重要　最後までご確認ください】

この度は○○○○○ランチ会○月○日（○曜日）○時～にお申込みありがとうございます。

おかげさまで素晴らしい方ばかりが集まってくださっていますよ。

おひとりで参加される方も安心してご参加できるよう努めますので、安心してご参加ください。

○月○日（○曜日）○時より開催、開場は、○時○分よりです、その前はご入場ができませんので、お時間のご協力をお願いします。○時終了の予定。
ご都合のつく方がいらっしゃれば、終了後移動してお茶でもできればと思います。

よろしければご予定くださいね。


【事前入金のお願い】

申し込み完了後3日以内に下記の口座にお振込みください。
○○銀行○○支店　普通○○○○○○○
名義○○○○○

ランチ会にプラス料金がある場合や当日お金のやり取りの手間を省きたい場合は事前入金にするとよいと思います

ご入金確認メールは割愛させていただきますが何卒ご容赦くださいませ。

領収書をご希望の方は、希望の名義をお書き添えの上、ご一報ください。


【会場アクセス】
○○○線○○駅○○出口徒歩○分

複数あれば書きましょう
※詳しく書けるようであれば道順も書きます

もし当日、迷ってしまった場合は、お店の番号○○ - ○○○○ - ○○○○にお電話でご確認くださいませ。


【ご参加にあたってご注意いただきたこと】

ご参加の全員の方にお送りしているものです。

ご参加申し込みは完了しています。

お店を予約済みですので、キャンセルはご遠慮いただいております。

もしも何かどうしてもご都合がつかなくなってしまった場合、前々日までのご連絡まではキャンセル料金はかかりません。

それ以降はお店のキャンセルルールにより、全額キャンセル料がかかりますので、後日ご振り込みをいただくことになりますので、ご注意ください。


ここからがキャンセルポリシーです。

キャンセルポリシーという言い方が通じない場合もあるので、「ご参加にあたってご注意いただきたいこと」としてもよいかもしれませんね

皆さんが気持ちよく参加できますよう、いくつかご配慮をお願いしたいことがあります。

ネットワークビジネスの勧誘や一方的なビジネスのお誘いはご遠慮ください。

その後のトラブルは関知いたしかねます。

大人同士ですので私からお伝えすることではないのですが、どうぞよろしくお願いいたします。


堅苦しい注意事項ですが、ご確認くださってありがとうございました。

当日は楽しくおしゃべりもお料理も楽しみましょうね。

告知のための情報をチェック

立案時の情報を再確認

まずは立案時点で必要だった要素を確認します。

1、何のために開催するのか（コンセプト）
2、お呼びしたいお客様候補のイメージ
3、開催地の候補
4、2、3からランチの種類やお店に求める雰囲気
5、お客様の参加する理由や喜ばれる要素
6、開催日時
7、告知開始日
8、予告開始日

9、申し込み方法
10、告知場所、集客方法
11、他のイベントのリサーチ
12、参加料金の決定

これに加えて、

1、アクセス
2、事前入金であれば口座
3、キャンセルポリシー
4、写真

それぞれ準備できたら、いよいよ詳細がわかるページを作成しましょう。もし用意できていないところがあっても、とにかくつくり始めます。消えてしまうともったいないので、ワードでもメモ帳でもよいので保存しておきましょう。

ランチ会の詳細がわかるページ（フェイスブックのイベントページ、ブログ記事など）

をつくります。簡単にいえば、前記の情報をつなぎ合わせます。

まず、目を引くのがタイトルです。ランチ会の名前です。ただのランチ会だと、どの会だったかお客様もわからなくなってしまいますので、すぐにわかる名前をつけましょう。あなたの主催する会のコンセプトがある場合、それを合わせてつけるという方法もあります。

例えば、リフレクソロジーサロンに通っているお客様に来てもらう会であれば、健康を意識した野菜料理のお店やマクロビ、薬膳などのお店が喜ばれるかもしれません。

「【地域名】身体が軽くなる季節ランチパーティー」
「【プレゼント付き】身体の中から健康になるランチ講座」

お客様候補が関心のあること、楽しそうなこと、お客様候補のお気持ちを考えましょう。もしインパクトのあるお客様の知られたくない、気になることをタイトルに入れる場合は、公開イベントではなく非公開にするとよいかもしれませんし、参加ボタンは押さず申し込みフォームで対応するようにするとよいかもしれませんね。

写真も妥協せずに選んでください。無料の著作権フリーの画像もネット上で探すことができますが、普段からスマホで撮影する癖をつけておくとよいと思います。写真はランチ会のイメージを左右するものです。フェイスブックのイベントページ、投稿、ブログなどに掲載が必要ですので、いつくかのバリエーションを用意しましょう。同じ写真ばかりだと飽きられてしまいます。

詳細ページは、初めての方が読んでもわかりやすいことが大事です。説明がわかりにくく、お客様の集まりに影響しているイベントページも多く見受けられます。何度も確認して、募集が始まっても気づいたところは修正しましょう。

告知文のつくり方

告知文はあなたのカラーや会の雰囲気をお知らせする大切なものです。しっかり心を込めて書きましょう。

構成として必要なものの確認です。

タイトル
興味付けリード文
参加すると得られること
内容

日時
アクセス
参加にあたってお願いしたいこと
主催者
※複数のツールで申し込みをする場合は申し込みフォームを用意します。

この後の流れは、リマインドメールを送ったり、確認メール、もしくは申し込みフォームより申込みをお願いして自動返信メールを送付するのもよいです。この会はフェイスブックでのみ募集したので、参加ボタンを押してもらい、その後メッセンジャーでやり取りをしました。人数が多い場合は、事前に予告してグループチャットにしてもよいでしょう。実際にそうしたケースもあり、皆さんが事前に挨拶をしていたので盛り上がったことがあります。

告知分の例

東京・ホテルの個室でアフタヌーンティーを
楽しもうの会

アフタヌーンティー食べたーい！
そんな気持ちで企画した会です (*^^*)
ワイワイ楽しく過ごしましょー！

ぜひお気軽な気持ちでご一緒くだされば
とっても嬉しいです。
せっかくなので、お名刺ご持参くださいね
(^^♪

○○ホテルの落ち着いた個室で、
サンドイッチ、キッシュやスコーンなど
ティーパーティーならではのメニューに加え
前菜と、
デザートはアフタヌーンティーの3段セットで
お楽しみいただけます。

ドリンクメニューは、オリジナルブレンドティーやアイスティーバリエーションのほか
スパークリングワイン、カクテルも！

ステキな方ばかりなので、お一人でも大丈夫です (*^^*)

ご参加表明は参加ボタンでお知らせください！
当日現金でのご精算となります。

【日程】4月20日13時～15時の2時間制です。
お時間が許す方は、移動してお茶も計画します (^^♪

【費用】5000円（税込み）実費です。
当日現金でお支払いです。

【会場】
○○ホテルの
本館○階「○○○○○○」です。
受付で大澤とお伝えいただけましたら
会場にご案内くださいます。
アクセスはこちらから
https://www.○○○○○.html

電車をご利用の場合
地下鉄　日比谷駅　東京メトロ：日比谷線・千代田線、
都営地下鉄：三田線　徒歩○分（○出口からすぐ）
内幸町駅　都営地下鉄：三田線　徒歩○分（○出口から）
銀座駅　東京メトロ：日比谷線、丸の内線、銀座線　徒歩○分
（○出口から）
有楽町駅　東京メトロ：有楽町線　徒歩○分
新橋駅　東京メトロ：銀座線、都営地下鉄：浅草線徒歩○分
（○出口から）
徒歩○分（○出口から）
JR　有楽町駅　山手線、京浜東北線　徒歩○分
新橋駅　山手線、京浜東北線、横須賀線
徒歩○分

【気持ちよく参加できるようご配慮をお願い致します】
お相手の望まない一方的な営業行為、
場を乱す行為、ネットワークビジネスの勧誘行為は禁止しております。

【キャンセルについて】
大変恐縮ですが、表明後のキャンセルは
できるだけご遠慮いただけますと助かります。
ホテルのキャンセルポリシーに則って、
キャンセル料金が発生する場合があります。

当日お会いできます事、とっても楽しみにしております (*^^*)

お客様の申し込み管理方法

告知先を書き出すところから

どこで告知し、申し込みを受付するかわからないという方もいるかもしれませんが、多くの場合、それはわからないという思い込みです。この場合のわからないは、成果がパシッと出る告知先がわからないという意味かもしれません。少ない労力で大きなリターンを求めたくなることもありますが、知っていただくためにはできる限りのことをするということが大事です。

十分なお客様候補がいれば、メルマガやライン@でお知らせして満席になるという方もいますが、これは段階があります。スタート時はまずはお一人お一人と関係性をつくることがこれから未来に向けてとてもとても大切です。なので、肩の力を抜いて、どこでお客様と出会えるか、思いつく限り書き出します。

例えば、フェイスブックの個人投稿、仕事のページ、イベントの立ち上げ、告知オッケーのグループに投稿、ブログ、こくちーずなどイベント告知サイトに掲載、友人に紹介依頼など、挙げるといろいろあるかもしれません。やるかやらないかは置いておいてまずは、書き出しましょう。

複数のツールを使う場合は申し込みフォームを

お客様の申し込みは漏れなく受付できるようにしておきたいところです。私がよく使っている申し込み方法についてお話します。

少人数やスタートしたばかりで、リアルで会ったことのある方が多い場合は、口頭やメッセンジャー、メールなどで受け付けます。その際、「申し込みを受け付けました」と、お伝えしておきましょう。

フェイスブックでのお申し込みが中心の場合は、イベントページを立ち上げて、参加ボタンを押した方に、「お申し込みありがとうございます」とメッセンジャーで送ります。イベントページには申し込み方法を明記しておきましょう。

複数のSNSやチラシ、紹介などの場合は、できれば申し込み方法を1つにしておくと後々管理しやすいです。例えば、「申し込みフォーム　無料」と検索すると様々なフォームが出てきます。Googleフォームでも、フォームメーラーでも、フォームズでもあなたのお好みで選んでください。私はフォームの背景をかわいく変更できるのでフォームメーラーを使っています。最初は無料版で十分です。

申し込みフォームに必要な要素は

・名前
・当日連絡がとれる電話番号
・メールアドレス（自動返信メールが届く）

の3つです。

申し込みフォームのメリット

申し込みフォームを設定しておくと、いくつかのツールで呼びかけていたとしても申し込み確認の漏れを防ぐことができます。入口が複数あっても、たどり着くところは一緒のイメージです。

あなたが最終的に申し込み状況を確認するのは、この申し込みフォームです。一覧でお客様の情報が表示されるものもありますし、必要情報をフォームに設定していれば当日の連絡先、受付の時のお名前確認で一覧を印刷して持っていくことも可能です。

その際は個人情報なので、取り扱いに十分注意してください。

フェイスブックのイベントページで予約受付をする場合、参加ボタンを押すだけで完了とすることもできます。間違いを防いだり、事前振込をお願いする場合は、申し込みフォームを用意することをおすすめします。

自動返信メール

申し込みフォームを使う大きなメリットのひとつは、自動返信メールが送れることです。お客様がフォームに入力して送付すると、お客様のアドレス宛に、あなたが送りたい内容のメールを自動で送ることができるものです。これが便利です。

自動返信メールで、重要なこと、注意事項、振込先などをお知らせします。

参加費の清算方法

参加費の清算方法は、事前振り込み、当日清算、当日でも始まる前、途中、終わりになどいくつかのパターンがあります。

キャンセルが怖い方、当日のお金のやり取りの手間を省きたい方は、事前振り込みを案内しましょう。デメリットは、振り込み確認が必要で、振り込み期限に間に合わない方もいるので、その連絡にやきもきするかもしれません。

そのための対策としては、申し込み後の案内で事前振り込みを強調して、期限を設けることです。期限を過ぎたら、タイトルに【要確認】【重要】など埋もれずに確認してもらえるように工夫することも必要です。

もし申し込みフォームを利用してメールしたにもかかわらず、音沙汰ない場合は、迷惑メールに分類されてチェックされていない、そもそもはじかれて届いていないということがあります。

その際は、発信したSNSやツールで確認のお願いをする、申し込みフォームに電話番号の項目を用意して電話するのも手です。もしくは電話番号で送れるSMSメッセージを利用してもよいと思います。いくつかの方法で連絡をとりましょう。

当日清算をする場合は準備は最低限で済みますが、当日にお金のやり取りのひと手間が加わります。実費での会の開催であれば領収書をお店に依頼することも可能です。その場合は、事前にお店に確認が必要です。

なお、領収書の宛名を受付時に確認するか、メールで確認しておき、当日まで準備しておお渡しするとスムーズかと思います。何度も銀行に確認に行ったり、催促の連絡をしたくない方は、当日清算をおすすめします。

ランチ会を成功に導く当日までの流れ

開催前にしておくこと

1つ目は、ドタキャンを回避すること。私たち起業家にとってランチ会は優先順位が高く、主催者のことを考えたらドタキャンはしないのが鉄則です。

しかし、お客様候補にとってはランチ会は楽しみのひとつで、優先順位は高くはありません。

例えば、小さなお子さんのいるお母さんでは、お子さんが高熱を出すなど、やむを得ない事情でキャンセルということもあるかもしれません。

キャンセル対応は、起業家にとって考えておきたい大切な要素のひとつです。かといって、厳しくするわけではありません。厳しくしすぎて、かえってお客様候補との信頼関係が損なわれてしまうことがあります。

同じことを伝えるにしても、伝え方がありますよね。「前日キャンセルはキャンセル料金

１００パーセント。いかなる場合も徴収します」と言われるよりも「お店のキャンセルポリシーにより、当日前日のキャンセルの場合はランチ代をご負担いただくこととなりますので、あらかじめご了承ください」のほうがまだ印象が柔らかいのではないでしょうか？

やむを得ない事情への対応と、そうではない場合の対応は分けて考えて大丈夫です。確かに、何度も繰り返してキャンセルする方や当日突然連絡がとれないなど、困った方がいるのも事実です。

ですので、キャンセルポリシーで身を守ること、お店に迷惑をかけずに開催すること、他のお客様を不快にさせない配慮をしたいものです。

２つ目は、イベントページ、告知ページの編集です。告知して残席が減ってきたり、開催日が近づいたら、ぜひともイベントページを編集しましょう。というのも、お客様は知りたい情報が変わるからです。申し込み時に関心のあることと、申し込んだ後に確認したいことが違います。最初はどんなお店なのか、どんな人が来るのかなど気になるでしょう。開催日前日はどの駅だったのか、駅からどのくらいで着くのか、参加者は何人なのか、どんな洋服を着て行こうかと考えているかもしれませんね。私は必ずイベントページを編集して、お客様候補が知りたいであろうことを書いたり順番を変えたりしています。

お客様の中にはうっかり忘れてしまうという方もいるかもしれないので、こうして伝え続けてそれを防止し、ドタキャンも減らすことができます。

開催前日もしくは前々日

開催日前日か前々日に、参加者さんが安心して参加できるよう、そしてドタキャンや失念をなくすために、心を込めてリマインドメールを送りましょう。方法は何でも結構ですが、どのツールを使うのか明確にします。ライン、メール、メッセンジャーなど、それを想定して申し込み時に連絡をとれる方法を記載してもらいます。基本、フェイスブックで申し込みを募集しているのではあればメッセンジャー、ライン＠であればラインでよいです。どのツールを使っても、必ず電話番号も書いてもらうことをおすすめします。当日もしもお越しになれない場合、お電話で確認できます。

受付の準備も済ませておきましょう。ランチ会の参加費が実費であれば、領収書の準備をしてもらうことができるお店が多いです。全部まとめてではなく、一人ひとりで発行してほしいという旨を伝えておきます。電話予約時かネットで予約しても、大人数だと、お店から電話確認が入ることが多いので、そのときに頼んでおきましょう。参加者さんが多い場合は一覧を用意しておくとわかりやすいです。フェイスブックイベントで管理している場合は、それを見ながら確認してもオッケーです。

席をこちらで指定する場合は、カードに名前を書くか、人数分かける2枚のカードを準備してカードに同じ番号を2つ書いておきます。1枚を席に、もう1枚は受付で引いてもらいます。番号をもとに席を探して着席してもらいましょう。

開催当日

いよいよ当日です。時間よりちょっと早めにお店に行き、受付の場所を決め、席の配置を確認します。お店に領収書をお願いした場合は、領収書を渡すのはランチ会の終盤です。集金が済んで、手のすいたタイミングでお店の方に料金を渡し、領収書を再度依頼します。

ホテルの場合は、宛名を入れてくれるので、受付時に宛名を確認します。実費でない場合は、自分で領収書を用意します。お店にはランチ代の領収書を発行してもらってください。私は宛名の指定のある方は、間違いのないようにご本人に書いてもらうようにしています。事前振込みの場合は、お店からランチ代の領収書をもらってくださいね。

開催時間前になると、仕事の都合や、交通機関の乱れで遅れる方からその連絡が入ります。道に迷ったという方もいるかもしれません。一人で主催している場合は開催時間前はバタバタしますので、事前にお店のアクセスは詳しく伝えておきましょう。

あとは、会が始まる前に全員と挨拶をしておけるとよいですね。皆さんが着席したら、ランチ会の趣旨、ルールを説明します。顔写真の撮影NGの方もいるので、撮影の際は声をかけてお互いに確認してほしいこと、主催者側で撮影するのでNGの方は教えてほしいこと、SNSに掲載してもよいかも確認します。

その後、人数によって進行の仕方もいくつかパターンがありますが、皆さんがお話できるように自己紹介やあなたから質問をしながら会話をサポートしましょう。ずっと気を張っていると楽しめないので、最初の前提を共有、会話に混ざっていない方がいないように、全員が楽しめるように、この3つの要点だけ押さえます。

Chapter 4

知ってもらうための告知方法

告知方法の手段をいくつも用意しておく

どこでどうやって人を集めるか

まずは、告知している自分を具体的にイメージをしてみましょう。ここで声を大にして言いたいのは、SNSで数回告知して満席になるのは幻想です。できる方もいますが、告知しておこしいただくまでの回数を少なく見積もりすぎて自信をなくしたり、集客できないことと自分の存在価値をイコールで考えてしまうことがあるかもしれません。

集客できている方でも、皆さん何度も何度も告知しています。いろいろなことをしてお客様候補に知ってもらえるように、方法を書き出してみましょう。

あなたのお客様候補が何歳で、何で情報を獲得しているか、誰かの紹介からだと安心するのか。どんなことに関心があって、どんなテレビ番組や動画を観ているでしょうか。このようなことを加味して考えてみてください。何よりも、お一人お一人に大切に告知する意識が大切です。

人が集められないとついついお金をかけて広告を出せば何とかなるのではないかと思う方もいますが、私はおすすめしません。個別に声をかけて集められないのに、お金をかければ解決するものではないからです。相当な金額をかければ集客できる可能性はありますが、費用対効果がまるで釣り合いません。広告は、もっと会やあなたの方向性が育ってからで大丈夫です。

まずは自分でできるお客様に知ってもらう方法を探しましょう。無料でかつ自分でできるのは、やはりSNSです。他には、チラシを配布したり、声をかけていくことも有効ですね。もしかしたら、地域情報サイトや無料の告知サイトもよいかもしれません。あなたのコンセプトによっても違いますが、その分野の人がよく観るウェブサイトに掲載をお願いするのもよいでしょう。最低でも3つ以上の方法をイメージしておくことをおすすめします。

告知先を育てましょう

普段交流がないなど、突拍子のない誘いは相手も反応しにくいものです。

ランチ会に呼びたい方たちに、あなたが主催することを好意的に受け止めてもらいやすいように日頃から発信しておく必要があります。ブログ、フェイスブック、ツイッター、インスタグラムなどSNSの中から特に活用するものを選び、毎日コツコツ発信しましょう。ポイントは、自分が発信するだけではだめです。こちらも反応することです。相互交流を心掛けましょう。相手に急に誘われて誰かわからないという状態は避けたいものです。

コツコツ発信するのは苦手だと感じる方は、苦手で切り捨ててしまうのではなく、どうすればできるのか、具体的に何が苦手なのか言語化してみましょう。

以前、フェイスブックに投稿するのが苦手だ、という相談がありました。自分が投稿したことへの反応が怖い、いいねの数が少ないと落ち込む、内容が決まらない、時間がかかる、他の人が気になるなど、不安な気持ちでいっぱいです。

そうですよね。始めたばかりのときが一番しんどいかもしれません。一度、考えてみてほしいのですが、フェイスブックに投稿することは何のためかということです。必要とするお客様に届けるためではないでしょうか。

フェイスブックに投稿するのが苦手なわけは2つあると思います。周囲の目が気になり自分をどう表現したらよいかわからないし、どんな反応が返ってくるかわからないから。そして、伝えたいことがあっても文章にできない、どんな写真がよいかわからないという自分のスタイルが作れていないからではないかと思うのです。正解はありません。これからフェイスブックを見る視点を変えてみるとよいかもしれません。売られる側、発信を見る側から、発信する側、主催者の視点になるのです。影響される側ではなく、影響する側になります。

反応が怖い等の不安は幻想だったという経験を積むために、最低3日続けて投稿してみてください。あなたのタイムラインへの投稿は、あなたの場所です。自分が心地よい場にしてオッケーです。もしその意にそぐわないコメントがあれば、受け入れる必要はありません。

あなたはそう思うのね、でも私は違うのよというスタンスで大丈夫。ひどいものは削除することだってできます。どんなことがあっても対応できる私。大事なのはお客様に届けること。それを忘れないでくださいね。

もしかしたらすぐに解決できない気持ちの葛藤もあるかもしれませんが、技術的なことであれば聞いたり、検索すれば多くのことは解決するでしょう。

自分なりのしっくりくる発信方法が見つかるまでモヤモヤすることもあるかもしれません。お客様の反応で変えていったり、試行錯誤が必要です。最初からうまくいく人はいないので、足元をしっかり固めて、今できることを時間がかかってもよいからやってみることです。あなたには変化を起こすパワーが備わっているはずですから。

今日からあなたは発信者です。そうなった時点で、今までと視野の広さも変わっているはずです。発想するための種があなたの中にあれば、あなたの世界観が広がります。

思いついた数よりも多く

告知する数、行動数の想定をしてみましょう。すごい人は一回の投稿で満席になるほど集客できるのだと思いますか？　確かにすぐに集まる方もいるかもしれませんが、それもしっかり策を練った上でという条件付きでしょう。一回だけで集まる方はほぼいません。どうしてもかっこよく、すぐに満席にしたいという気持ちが出ますが、表面上のかっこよさではなく、コツコツできる私ってすごい、と考えましょう。今あなたがすごいと感じている方も、お客様に起こしいただくためにしっかり種まきして実施しています。

お客様が集まらない多くの方はお客様に届けるために告知数、行動数が少ないからお客様が集まらないのです。お客様に届いていないのです。

自信がないと、どうしたらよいのかわからないと思います。最初から自信がある人のほうが珍しいですが、やればやるだけ反応が返ってくるので手ごたえを感じるようになります。そうすれば、気持ちが軽くなるはずです。

一緒にイメージしましょう。ランチ会をお知らせするのに何度告知しようと思いましたか？　多くの場合、今頭に浮かんだ数字は足りないことが多いです。

少なくても倍やれるとよいですね。1回、2回の一桁告知では難しいですよ。特に始めたての頃は考えられるツールをすべて使い、ご自身のSNSで一日最低1回以上、個別でも丁寧にお知らせをしましょう。

スタート時は思い通りにいかないこともあるかもしれません。告知ばかりして嫌がられないか、直接メッセージをして大丈夫だろうか、最初は展開がわからないので不安ですよね。返事が来ないこともあれば、フォローを外されることもあるかもしれません。それが友人だったら、なんだか悲しいですよね。

お気持ちわかります。あなただったら、友人からお誘いがあったとき、どう思いますか？応援したいと思う方が多いのではないでしょうか。心を込めて送ったものであれば、自信を持っていいてほしいと思います。

リアル、オンラインを利用する

ランチ会をどんな方法でお客様候補にお知らせするか、具体的に想定してみましょう。

リアルにしてもオンラインにしても、必ず個別に連絡をすることを意識しましょう。お客様候補がスピーディーに検討してくれる方法があるとしたら、どんな方法だと思いますか？　もったいぶらずにお答えすると、それは実際に対面で日程を伝え、その場で確認してもらうことです。多くの方は誘った時点で確認してくれます。

もし確認もしてくれない場合は、まだあなたとの信頼関係ができておらず、再度会うのも躊躇しているかもしれません。でも、人格を否定されたわけではないのでがっかりしないでください。「今は」誘いに応じるモチベーションも関係性も弱いということが確認できただけでも進歩です。

オンラインでもオフラインでも、その先には人がいます。全文コピペでのお誘いや、フェイスブックで相手の状況を確認せずに「今？」というタイミングでのメッセージは相手の心が離れます。独りよがりになっていないか要チェックです。

SNSで自分らしさを発信しておく

認知を蓄積する

お客様候補と出会い、知ってもらうためにSNSをぜひ活用してください。実際に会うには時間の制限がありますが、SNSは大勢の方と移動せずに交流できる素晴らしいツールです。SNSに抵抗のある方もいると思うのですが、ちょっとずつでもチャレンジしてみて、数か月後にまた続けるかどうか考えてみてもよいのではないかと思います。楽しさや便利なことを体験できると、続ける意味がわかってきます。

ランチ会にお招きするにしても、誰に声をかけようか、どこでお知らせしようかと迷いますね。まずはお知らせできるつながりをつくるツールで人間関係を育てましょう。知ってもらうには、コツコツ続けることです。一日二日で届く範囲は限られています。

印象にも残らないものですよね。続けてコツコツです。積み重ねていくからこそ、認知されます。ランチ会あるよと声をかけられる人を増やしていくことを想定して考えてみてください。

ランチ会をご自身で決めた人数を集客しようとして、なかなか集まらないときに気がつくことですが、声をかけられる人がリストアップできないことが課題になります。母数が少ないと、返事がないことが気になります。告知先、お誘いできる人がいるかいないかが大事なポイントです。

あなたを認識してもらって初めてスタート

ただし、SNSで発信しているだけでは不十分です。ひとつのスモールゴールとして考えたときはオッケーなのですが、もっとお客様候補に知ってもらいたいと考えた場合は、さらにレベルアップを目指しましょう。

あなたが何者で、どんな仕事をして、何を考えているのか知らない方のほうが多いのです。相手の選択肢に上がること。大勢の中の一人から、あなたの存在そのものを認識してもらいましょう。知ってもらうことを意識します。

どんなに発信しても、お客様候補の方に届かなければ、反応は起こりません。どうしたら届くと考えますか？　それは、お客様候補と自分からつながっていきます。待つだけではなく、いかに目に触れるかを意識します。ランチ会が先か、あなたという存在が先かはわかりませんが、知ってもらえて初めて検討されます。

もしあなたがブログを書いても全然お客様が来ないとしたら、他にも確認するべきことはありますが、読んでもらうためにできることをしてほしいと思います。まずは、知ってもらうためにどうするか？　どんなツールを使って知ってもらうか？　ブログ、フェイスブック、インスタグラム、ツイッターなど、できることを挙げましょう。

自分のカラーをはっきり打ち出す

SNSであなたの存在を知ってもらい、あなたが何者なのか、どんなことを考えているのかを知ってもらうことで共感され、ファンになってもらうことができます。あやふやだとその他大勢とそう変わりません。どんな会なのか、明確に打ち出します。

これはあなたの仕事や、やりたいことへの仲間集めと重なることがあるかもしれませんね。あなたが何か意図を持ってランチ会を行うのであれば、はっきり伝えることであなたが来てほしいお客様が集まりますし、お客様の満足度もあります。

とはいえ、どうやってカラーを出したらよいのかがわからないという方も多いはずです。カラーは、他の言い方に言い換えると、強みや売りのようなものです。自分らしさとか、自分ではあまりわからないことがあります。それは人との違いでわかったり、話していて気づかせてもらうことも。自分で思っていることと違うこともありますし、こうしなければという思い込みでそのカラーを大いに発揮できていない場合があります。

ランチ会は明確にしていくための機会としても活かしていただければと思います。自分のカラーをSNSで発信することもそうですし、ランチ会でも伝えることです。そうしながら熟成させてください。

いろいろな人がいるもの

十人十色とはよくいったものです。普通といっても、その方のこれまでの人生の背景や今置かれている社会的な立場によって普通は変わるでしょう。SNSの使い方も、こうあるべきが人によって違うことがあります。人それぞれで、合う人合わない人がいます。そういうものだという認識を持っていると、自分との違いを感じても、そう抵抗を感じずにいられるでしょう。

ランチ会の告知をしたり、様々な活動をしている中で、あなたとは違う価値観に接することがあるかもしれません。あなたとの違いを楽しむスタンスを持つと、対立ではなく、もっと知りたいと興味が湧く方に、あなたの中で変換されます。ネガティブなイメージを持つ相手とはなかなか親しくはなれないものです。

それはあなたも悪くなければ、相手も悪くありません。ただ違うだけなのです。その違うということをどう捉えるかで、その後のお付き合いが変わっていきます。違いを楽しむことはランチ会の最中でも活きるはずですよ。

自分の信じたことなら大丈夫

人によって違うとなると、何が正解なのか不安になることもあるでしょう。正解は、あなたが決めることではないかと私は考えています。感情や気持ち、仕事の方針にそもそも正解はありません。それをはかる方法のひとつが、お客様の反応です。ここでいうお客様は、あなたが心からお役に立ちたい、お付き合いしたい方のことです。あなたの考えた正解がそれでよかったのだと実感するまで、しばらく時間がかかることがあります。やりながら、これでよかったのだと思うこともあると思います。だから人生は面白い。あなたがよく考えて出した答えは大事にしてください。

やっている中で正解が変わってもよいと思うし、環境が変わると見える世界が変わってきます。成長している証拠です。ランチ会を開催していると、いろいろな価値観と接していくことと思います。その中で、自分自身を磨いていくことができることもランチ会開催の魅力のひとつです。

見込み客と交流して関係性を温めておく

突然は誰でも困惑するもの

最初は会ったことのある方や、すでに交流のある方に声をかけていきますが、徐々にその範囲も広がるでしょう。ＳＮＳで出会った方、お会いしたことのある方との連絡先の交換がＳＮＳということもあります。ＳＮＳでも、実際にお会いしたことのある方とつながったからすぐに関係性が深まるということではありませんよね。

何度も交流していく中でちょっとずつ距離が近くなります。この人はどんな気持ちでいるのか？　不要な商品でも売るつもりではないのか？　とこのご時世、考える方もいます。あなたに興味を持ってもらい、安心してランチ会にお越しいただくには、どんなことが必要だと思われますか？　多くの方にヒアリングしましたが、ＳＮＳでつながっている知らない方からのお誘いには返事もしないという方が多かったです。ご自身に置き換えて考えてみても、誘われたことも、営業されている気がしてちょっと嫌な気持ちになるかもしれません。

　あなたのお客様が断ることや、セールスに抵抗を感じる方であればあるだけ、誘われることにも嫌悪感を持つかもしれません。相手にとって、突然の失礼なお誘いであれば、あなたの心は届きません。せっかくのランチ会のメリットを最大限に活かしていくためにも、日頃の交流を大切にしましょう。

　具体的には、相手のブログにコメントする、いいねをする、出会ってすぐに相手にメッセージを送るなど、あなたがその他大勢ではなく、あなたとして認識されることを目指しましょう。

できるだけ投稿、メッセージ、ＤＭなどで交流を

　会ってみたいという気持ちもない、存在も認識していない方からのコピペ文でのお誘いは「また営業ね。私は大人数のうちの一人なのね」という印象を持ち、特に返信しない方が多いです。まずは、目につくこと。投稿することには、私はこういう人ですよ、こういう仕事をしていますよ、ということを伝える意味があります。半年前の記事を最後にブログが投稿されていなければ、今も仕事をやっているのか見た方は不安になります。ＳＮＳはできるだけコンスタントに行ってください。

投稿するだけでは一方通行です。双方向にするために、お客様候補の方の投稿に対して反応しましょう。お会いしたときに共通の会話ができますし、お相手を知ることができます。

イメージができないときは自分に置き換える

コミュニケーションをとるとき、誘うとき、もしどうしてよいのかわからなくなってしまったら、自分だったらと、ひとまず置き換えましょう。誘う側のとき、してもらうときで感覚が変わります。相手の受け取る感覚に鈍くなると、相手からするとムッとする言い方をしてしまうことがあるかもしれません。想像力を持って、もし自分にこのメールが来たらどう思うか常に確認したいですね。

例えば、全文コピペのご案内文が送られてきたら、どう思うでしょう？　以前、全文コピペが届いたとき驚きました。何のことかわからず、スパムで乗っ取られているのではと心配しました。

わざわざ時間とお金を使って来てくれるランチ会のお誘いは、お客様候補との新たなステージへの切符です。せめてお名前や最初の数行はその方のことを考えて、送りたいものです。

数じゃない認知

フェイスブックなどのネット上のお友達は増やしておいたほうがよいです。ですが、数集めだけに集中すると、関係の質が課題になってきます。お友達になった後、どんな方とあなたは交流が続いていますか？　ただ友達になっただけ、フォローしただけでは、その後、お会いするきっかけもなくて関係を深めるチャンスがありません。丁寧に、できることをする。あなたという存在を知ってもらうためにどんなことができますか？

数で集めた方は相手もそうだと気がついています。質のよい人間関係は、これからの宝物です。ただ、ＳＮＳでポチポチと読者や友達の数を増やすことは可能ですが、印象に残るかどうかは別の話です。最初は数重視でも、質を重視していきましょう。これはあなたの周りの人間関係に直結します。つながりが楽しくなり、集客状況にも表れてきます。

お付き合いをしたい、関係性を深めたい方とつながり、関係をつくります。あなたをあなたと認識してもらい、気持ちよくお付き合いをできる方を一人ひとり増やしていきましょう。

告知するタイミング

告知の前に予告

ランチ会を告知する前に必ず行ってほしいのが、予告です。やるよ、いつだよということを予告してください。特に初めてのことであれば、お客様候補としてはついていけず、どう反応したらよいかわかりません。なので、様子見という反応をする方がほとんどでしょう。

そこで大事なのは、お客様候補の感情を読み取って育てることです。感情の動きを先読みします。お客様候補が見たとしてどうすれば反応しやすいのかイメージしましょう。どうやって予告するのかという声が聞こえてきそうですね。ちょっとトレーニングをしてみましょう。

例えば、あなたが表参道に素敵なレストランを見つけ、そこでランチ会をすることを思いつきます。外観もとっても素敵！　名物料理はふわふわオムレツ。予約がとれないお店なのに、幸運にも予約がとれたとします。このシチュエーションで、あなたはどんな予告をしますか？　想像を膨らませて5パターン考えてみましょう。

例えば、

1、憧れていたレストランでランチ会を〇月〇日に開催予定。
詳細と募集開始はまた後日ですが、ぜひともスケジュール表にチェックしてくださいね！

2、メディアでも話題の予約のとりにくいあのお店。
次回のランチ会では名物のふわふわオムレツをいただきましょう。

3、〇月〇日念願のランチ会をあの名店で開催！
少人数なので、すぐに満席になりそうです。
募集開始をお見逃しなく。

4、〇〇仲間の皆さん、とっておきのお店を発見！

なんと予約がとれちゃいました。

5、○月のレッスンの後、ご一緒しましょう。
ですが、人数に制限が…。

先着順で受け付けますので、次のレッスンでご予約お受けしますね。


などが考えられますね。

よりあなたのお客様候補に届くように試行錯誤してみましょう。

予告は2か月ほど前がおすすめです。告知の1週間から3日前までに少しずつ行っていきましょう。興味を持ってもらい、相手の気持ちを惹きつけることが大事なので、目に触れるように発信しましょう。

予告の前に個人的にお誘い

ランチ会を開催することに決めたら、まずは来てほしいと思う方にできれば実際に会って誘ってください。日程も都合を聞いて合わせてよいと思います。メッセージで誘うのももちろんオッケーですが、対面のほうが相手の反応がわかりますし、質問にも答えられます。個別に誘うと、相手が検討してくれる確率が投稿に比べかなり上がります。

メールやメッセージで誘うとき、いかにもコピペでは人の心には届きません。あなたもフェイスブックでお友達になった途端に、長文のコピペ自己紹介と、いいねしてください、メルマガに登録してくださいというメッセージにうんざりした経験があるのではないでしょうか？　どんなお誘いが相手の心に響くかは、相手とのこれまでの関係を加味して考えましょう。そもそもただつながっているだけの方は、フェイスブックのタイムラインにも表示されにくいですし、誰だろう？　何だろう？　と思うはずです。コピペの文章のみで送るより、お名前や投稿へのコメントや日頃の印象などエピソードが入っていると、つい返事したくなります。

以前こんなちょっと残念なことがありました。私のメッセンジャーにあるお誘いが届いたのですが、知り合いだったので開封して読んでみました。しかし、なんだかチンプンカンプンで、なんのことかわかりません。数日後、あるイベントページに招待の通知が届きました。それを読んで、あぁなるほど、イベントページの本文をコピペして送ったのだとようやくわかりました。開封直後は、スパムのメッセージではないかと思いました。

きっと送った方に悪気はなかったのでしょう。お知らせしたい一心で送ってきたのだと思いますが、このように気持ちが届かないということが起こってしまいます。人柄が伝わる、気持ちが届くランチ会をされるのに、もったいないですよね。

もしかしたら、知らなくてこのようなことをしてしまっていることがあるかもしれません。

気づいたら、その時が変え時です。一生懸命なときほど、お相手の気持ちを忘れてしまうので気をつけたいですね。

SNSでの告知は1か月半前

できるだけ予告、個別に声をかけてから一般募集、告知は1か月半前から行います。

少なくても1か月前には告知できるとよいですね。告知は同じ文章を書くだけではなく同じイベントでも違う角度から書きましょう。投稿するときはイメージ写真も大事です。まったく反応がないときは、これまでの種まきが不足しています。予告・告知は、その種まきにもなっていますよ。

1か月半前より告知をスタートしていって、どのくらいの頻度で告知を続けるのか、気になるところですね。集まり具合により徐々に少なくしていくことはありますが、基本的には毎日します。

毎日、お客様候補が見るのではないかと思う時間にSNSへ投稿します。写真を変えたり、文章を変えたりしながらです。

毎日投稿をするとタイムラインがそればかりになり、お客様候補は嫌なのではないか、とよく質問されます。なぜそう思うのか、掘り下げてみましょう。お客様に嫌われる気がしますか？　1日は24時間あります。1時間おきにお誘い投稿があれば、確かにちょっとしつこい感じがするかもしれません。しかし1日おきで嫌悪感を抱く方は、そもそもあなたのお客様にはなり得ない方かもしれません。

お客様候補に本当に来てほしいと願い、あれこれ行動をしていくと気づくことがあるはずです。伝えても発信しても、伝わりきれていないことがあるのです。

ある日、ランチ会にぜひお越しいただきたいと思う女性がいました。彼女に声をかける前に、フェイブックで何度も投稿していましたし、所属していたグループにも掲載したり、毎日毎日していたのです。それでもお申込みがなかったので、直接メッセンジャーで連絡しました。彼女の反応はどんなものだったと思われますか？　お返事はこうでした。

「素敵なお誘いをありがとうございます。そうだったのですね。

最近多忙であまりフェイスブックを見ていなかったので気がつきませんでした。

もしまだお席が空いていましたらご一緒できれば嬉しいです。」

私としては毎日投稿しているので、もちろんご存知だと思っていたのですが、これは思い込みですね。

この思い込みはお客様集めに響きます。そもそもお客様候補が毎日SNSを見ていると は限りません。お友達の数が多かったり、アルゴリズムによって、自分の投稿が相手に表示されているかどうかはわかりません。届いてほしい方に届いているとは限らないということです。今は情報過多時代。気に留めることがなければ、投稿を目にしても覚えていません。自分が思ってるほど、他人は気にしていないし、気づいていないものです。

何度もする

告知しなければとなったとき、多くの方は行動が止まってしまいます。今のうちにどこで、どうやって告知するのか明確にしておきましょう。

まず、今あなたの使っているSNSは何ですか。フェイスブック、インスタグラム、ツイッター、アメブロなどすべて活用します。

フェイスブックであれば、ご自身のページを立ち上げたり、ご自身のタイムラインでお知らせするのもよいですね。グループに加入してその中で告知したり、お客様候補になる人とお友達になっておきましょう。

動けなくなってしまうのは、気持ちの課題と、具体的に何を行ったらよいかわからなくなったときです。どんなことをどのくらいするのかを最初から想定します。SNSで投稿しても、どんどん情報は滝のように流れていって、こちらとしてはちょっとしつこいかなと思っても、意外と届いてないことが多いのです。テレビや動画配信サイトでCMや、歩いていても路面に広告が出ていたり、大企業も目につくようにPRを何度も行っています。

そのように莫大な予算をかけて行うことは難しいことですので、自分サイズでできて、相手の印象に残ることを考えましょう。

フェイブック広告を出すなど、考えたこともあると思いますが、まずは自力でやっていきます。広告を使って効果を出していくためにもテストをして、その後に自力で行って満席になることを目指しましょう。広告さえ出せば集まるというのは幻想です。

自力で集客できないものは、広告を出しても集まりにくいので注意してください。

参加者を増やす方法

告知方法、手段をあらかじめ考えておく

多くの方が講座などのフロント商品の集客に苦労しています。自信をなくしてしまって、次を開催するのが怖くなって行動できなくなってしまうことも。ですが、これはきちんと想定しておくことで回避できます。想定していないと、感情的に動きにくくなってしまっても無理はないと思います。

実際にランチ会にお客様が集まり続けている方は、多くの手段を想定し、行動数も適正な数を想定しています。お客様が来ないと相談にくる方の多くは、告知数が1桁だったり、告知するツールが少ないのです。

たくさん告知したらしつこいと思われるんじゃないかな、学生時代の友人に何か言われるのではないかと、心にブロックをつくっています。誰に意識を向けるのかが重要です。その矢印の方向を集中させましょう。

私は、自分のお客様や私の話を聞いてみたいと思ってくださる方に向けて発信しています。その方々がその情報を受け取り、反応できるようにしていくには、何度もお知らせして情報を受け取ってもらえるように動きます。

こんなことを言われたらどうしよう、目立つと何か嫌なことが起きるのではないかと不安に思うことがあるかもしれませんが、もしあってもずっとではありません。逆に有名になったり、知られる存在になったとき、またその課題があるかもしれませんが、そうなったときは誰かに意識されるくらい注目される存在になったと思ってください。

告知方法、手段をあらかじめ考えておく

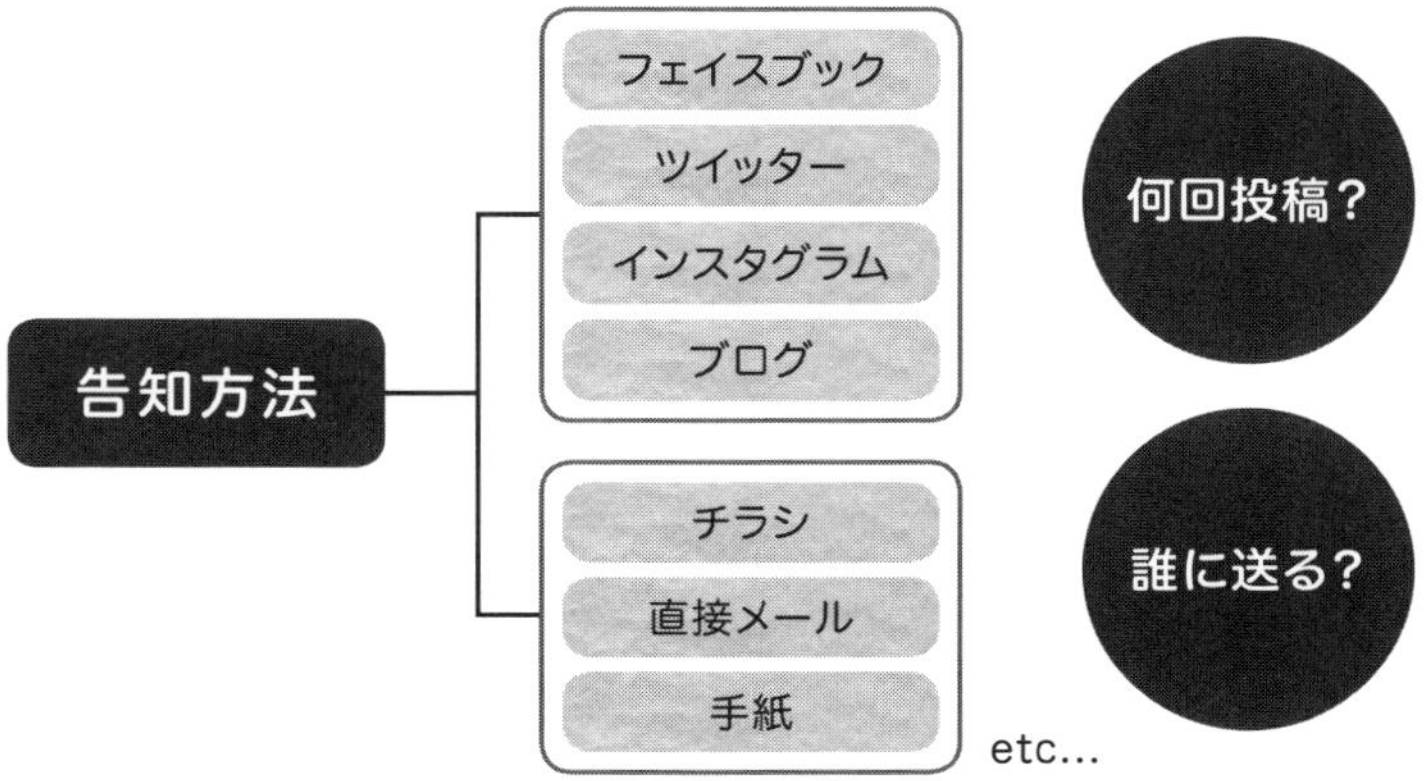

参加者さんが集まらないときに見直すポイント

参加者が集まらないときには必ず複数の原因があります。ひとつでないことが多いですし、自分が思っている課題とは違う場合があります。ご自身ではランチ会の告知文が魅力的じゃないからだと思っているケースがあったとします。

ですが、それは原因のごく一部で、告知文の構成に必要な要素が足りなかったり、見当違いだったり、全然告知してなかったりと、他の課題が複数あることが多いのです。ポイントは冷静に見直し、参加者さん候補に意見を求めてみましょう。失敗してもよいのです。テストしてどんどん改善すればオッケーです。

原因がわからないときは、必ず聞いてみてください。ヒントが得られます。改善するヒントなのですが、全然反応がないとしたら、ご自身のスタンスを確認してみましょう。もしかしたら、何だかとっつきにくい感じになっているということがあるかもしれません。

言い方を変えるだけで反応に変化があります。お誘いに上から目線ってどういうこと？という方もいらっしゃると思います。例えば全文コピペで「今度○○が集まるランチ会を開催します。良かったらどうぞ」はどうでしょうか。

何だか寂しいですよね。人が動くときは、感情が動くときです。この言葉で気持ちは動きませんよね。「良かったらどうぞ」では弱いのです。お誘いを受けて嬉しくなるような言葉を選びたいですね。

諦めない

参加者さんが増えないと、開催しなくてもいいかな、やめちゃおうかなと弱気になることがあるかもしれません。もし、一人でも集まっていたら開催してみることをおすすめしますし、最後まで参加者さんが増えるように行動してほしいと思います。

ランチ会をやることで、自分の制限を外す機会にもなると考えています。私なんかは主催する立場ではないからとか、私が主催しても誰も来ない、と始めるときは思うことがあるかもしれません。まさにこれはこれまでの人生、人間関係でのパターンや思い込みを背負ってしまっている状態です。

あなたはあなたを表現したり、注目されてもよいし、誰かに喜んでもらえることができます。今は自信がないかもしれませんが、それは今、そう感じるだけで未来もそうだとは限りません。ランチ会は、これまでお話ししたように、チャンレンジのハードルをぐっと下げてできます。

一緒にお食事をして楽しむ。これができれば、何人でもよいのです。

楽しくできる工夫を

楽しむことが続けていく秘訣です。ランチ会を開催しても1回だけだと、ちょっと寂しいですね。楽しいと思うポイントが得られるように、自分で工夫しておきましょう。

全員と話したい、次のランチ会にも参加してほしい、来てよかったと言ってもらいたい、ご自分もおしゃべりを楽しみたい、仕事に興味を持ってもらいたい、ランチ会に来たことをブログなどSNSに投稿してほしいなど、あなたがこうだったらいいなと思うことを、書き出してみてください。

望みがあやふやだと、それを得られるような準備ができなかったり、せっかく開催しても不完全燃焼になります。その上で、次のランチ会が待ち遠しいと思うような楽しさをあなた自身が感じてほしいのです。

私が開催している中で楽しいなと思うのは、普段は忙しくてゆっくりお話しできない方とゆっくり穏やかな雰囲気でお話しができること、いつもとは違う参加者さんの顔を見られること、相談したいと思っていたという方から自然とお話ししてもらえること、食事をしながらリラックスして、参加した皆さんが仲良くなってくれることが心地よく楽しいので、続けることができました。

紹介を依頼する方法

紹介依頼の方法

紹介、SNSでいうならシェアをしてもらえるように依頼することも視野に入れましょう。ここでも、そんなことはできない、お願いできる人がいないという方もいると思いますが、これも徐々に人とのつながりの中で増えていくものです。

相手も紹介したいランチ会にすることはもちろんですし、あなたが信頼できる人であることはお話しするまでもない大切な要素です。

焦らずにお一人お一人との関係を大事に、まずは自分から紹介したり、貢献していきましょう。

紹介依頼をする際は、相手の培ってきた人脈、SNS、メルマガなど、時間をかけて育ててきたところで紹介をお願いするわけですから、誠意をもってお願いしたいですね。私にも紹介依頼が届くのですが、応援したいと思う方と、これは難しいというケースがあります。

紹介依頼をすることに賛否両論あります。というのも、受けるほうにもリスクがありますし、様々な起業塾でシェアしあって見込み客を増やそうということがあり、それに飽きしてしまった方もいるのです。知ってもらうきっかけをつくることは大事ですので有効策のひとつです。

ただ楽だからという理由で依頼することはおすすめしません。どのくらいがんばって活動しているのかは、SNSを通して相手にもわかります。やれることを自分でやっているからこそ、気持ちよく力添えしてもらえるのではないでしょうか。知ってもらえなければ、始まらない、営業もできません。出会いをつくってくれる相手に敬意を示すこと、丁寧にお願いすることであなたの気持ちを表しましょう。

依頼する場合は、何らかの形で直接お知らせしましょう。直接会うのが一番伝わります。それが叶わない場合は、メール、電話、メッセンジャーなどでお願いします。その際、いかにもコピペで送っているもの、紹介してもらって当然だというものはNGです。

相手としては紹介をする義務はありません。

紹介依頼を文章で送る場合、挨拶、主旨、なぜお願いしたいのか、どう紹介してほしいのか、紹介の際もし何らかのお礼があればそれも付け加えます。誰かを紹介するとなると、どのように紹介するか頭を悩ませるものです。その苦労をしてまで紹介しようとしてくれるように、こちらがまずは気持ちを示します。

とはいえ、あなたが誠意をもってお願いすれば、必ず相手が動いてくれるわけではありません。相手には相手のスタンスや、お付き合いの状況もあります。あなたはあなたのできる範囲のことに注力して、相手がどう反応するかはお任せするしかないのです。

その前にやるべきこと

紹介をしてもらうとして、必ずやっておきたいのは、自力での行動です。紹介する方も、あなたがどれだけがんばっているのかで心を動かされます。他人任せでいる人に対して、紹介したいという感情が湧くでしょうか？

応援される人であることはとっても素晴らしいことです。ランチ会を開催していくことを通して、自分の力だけでなく、誰かの力を上手に借りる力も養ってほしいと思います。

その分、あなたはランチ会でお客様に貢献できますし、あなたも他人に力を貸すことができるのだと思います。

誰かの力を借りるとき、相手が気持ちよく貸してくれるように私たちができることは何でしょうか？　紹介したくなる人間関係を築きたいですね。まずは自分から紹介するとよいかもしれません。紹介しあっていくビジネススタイルを選択する場合、ネットで行う方法と、リアルに紹介する方法の二通りあります。やると決めたら、続けて、そして自分からやりましょう。

しかし、ひとつよいお知らせを付け加えておくと、これはがんばってどんどんお客様集めをしたり、他のフロント商品に集めたいときに活用できる考え方です。ランチ会は、もっとスムーズにあなたの自力でお誘いしていく中で十分に席を埋めることができます。そして、参加者さんから自発的に参加したことを紹介してくれます。

時々こんなメッセージが届きます。

「大澤さんこんにちは、今度〇〇のキャンペーンをします。
ご紹介お願いします。」

とリンクが送られてきます。そもそもこの方のことはよくわかりませんし、大事な方とつながっているSNSやメルマガで紹介する信頼関係は出来上がっていません。実務的なことですが、紹介文もこちらで用意することになります。多くの方は紹介しやすいよう工夫して送ってきます。紹介依頼することがあるということは、送っている本人は忙しいのですが、忙しいからとついつい対応が雑になって自分本位になりがちです。一通一通のやり取りをしっかり大事にしていきましょう。

できれば、人間関係をつくり、信頼貯金をしてから依頼されること、ご自身がまず貢献することをおすすめします。

もし紹介してもらえなくても、これをきっかけにやり取りができたり、関係性を再構築するチャンスでもあります。お願いした結果、紹介に至ったり、メッセージが交換できると励みになります。他人に動いてもらうことのありがたみが、身に沁みる機会もあることでしょう。相手との関係を育てること、相手をまず大事にすることで今後の良好な関係に発展していきますよ。

相手の手を煩わせない

実際に紹介してもよいですよということになった後、ではお願いしますと丸投げにしてはいけません。

他人の紹介文を書くという作業はなかなか骨の折れる作業です。

相手の手を煩わせずないように、こちらで準備しておきたいものです。結果お相手が書いてくださっても参考文はお送りしましょう。

こちらで用意するために、相手がコピーして使える紹介文をいくつかのパターンを準備します。写真も数枚あるとよいでしょう。フェイスブックでイベントページを用意する場合や、ブログ記事が告知用記事になっている場合はこちらに誘導します。ご紹介の時は、リンク先にボタンを押して飛ぶということがなかなかのハードルです。思わず押して、見に行きたくなるようなリード文を書きます。もし反応が鈍いようであれば、書き換えてブラッシュアップします。リンク先を告知記事ではなく、すぐに申し込みフォームにして、告知記事の内容を盛り込んでみるのもよいかもしれません。

紹介者が、自身の言葉で書き加えてくれたり編集してくれるケースがあります。その方の友達や読者さんへの影響力が増します。これは好意でやってくれていることで、その労力は大変なものです。あなたのこと、あなたのやることを理解した上で書いてくれるからです。ぜひ心から感謝を伝えたいですね。

Chapter 5

当日の運営

当日の進行をスムーズにするための仕掛け

当日キャンセル、遅刻をできるだけなくす

前述のキャンセルポリシーの話は、おおげさですが後ろ向きな方向性でのキャンセルの抑止力です。ここでは楽しさなどポジティブな方向の話です。キャンセルしたくなるときは、どんな気持ちなのでしょうか？

面倒になってきたのか、他の予定を優先したくなったのか、ご家族やご本人の体調不良でしょうか？

急な体調不良は、致し方ないのですが、行きたくなくなってしまうということには対処することが可能です。あなたもそのような経験があると思うので、思い出してみましょう。

一人で行くのが心細くなったり、行ってもよいことがないような気がしたり、他のイベントに行きたくなったりということがあるかもしれません。このような気持ちになるのはどんな理由があると思いますか？

ランチ会への期待度が下がったのですね。楽しみより、不安や他のことを優先させたい気持ちが増した状態です。これを防ぎ、お互いに楽しくするための工夫を考えていきましょう。

私は普段からランチ会をすると決めたら、フェイスブックのイベントページに定期的に投稿したり、自分のタイムラインに投稿したりします。忘れられないですし、楽しそうなイメージを持ってもらえるように工夫しています。目に留まらないということは考える時間が減りますので、必然的に期待度が下がります。

迷う人をできるだけなくし、あなたの遅刻対応をゼロに

ランチ会当日に私が気にかけていることは、道に迷う人をできるだけなくすことです。

皆さん時間通りに来ようと心掛けてくれます。わからない、どうしようと思っているうちに焦りでイライラして、到着したときに少々不機嫌な方もいます。

皆さんランチ会を楽しみにしているので迷って遅刻しないように、最寄りの駅からお店までのわかりやすい道順や複数の路線が入っている電車やバスがあれば、駅名、出口の番号を書いておくとスムーズです。携帯電話を使いこなせるスキルは人それぞれなので、誰もがわかるようにすることを意識してください。

イベントページにコンセプトを明記

どんな会なのかをしっかり伝える、これがとても大事です。コンセプトを伝えられていないと、来た人の意図に左右されてしまいます。あなたがどんな会をやりたいのか、しっかりそのプランがあるのであれば、ぜひ言語化してください。

来る人が少なくなることを恐れてぼんやりとしたコンセプトにしまうことがありますが、はっきりと示したほうが結果としてプラスになると私は考えます。どんな人のための、どんな会なのか、ぜひ勇気を持って打ち出してください。

お断りの方ははっきり書く

あなた、そしてお客様のためにも、お断りの方ははっきり書きましょう。誰しも断りを入れるのは気が重いものです。ですが、来る者拒まずでは、あなたが意図しないことが起こることがあります。どんな場をつくりたいのかを意識して、それにそぐわないもの、避けていることを想像します。何でお断りなのかを明確にしておくとよいかもしれません。

例えば、一方的な営業目的の方の参加、会終了後、ネットワークビジネスなどへの勧誘目的での呼び出しなど、お客様が望まないことをしようとする方の参加を遠慮する一文を入れておくのも一つです。

不安な気持ちでいる方の気持ちを楽に

新規で参加する方は不安です。リピーターであっても、場の雰囲気に馴染むまでドキドキします。行くまではアクセスの心配、時間通りにつくか、着ていく洋服が場に見合っているかなど、気になります。初めての方が安心して参加できる場つくりを意識すると、皆さんが気持ちよく参加できるでしょう。

では、どうすればもっと気軽に楽しんでもらえるのでしょうか。また、安心してきてくれるのでしょうか。参加者さんにとっての安心を考えてみましょう。

アクセスがわかりやすく、迷いやすい人でも安心していけるように、道順を写真に撮ってPDFにまとめてみるのもよいかもしれませんね。初めての方やお一人での参加はあなただけではないことを伝える、ドレスコードがあれば伝えて、参考までに前回の会の写真をアップしておくなど、些細なことかもしれませんが大事な要素です。

始まる前から盛り上がる魔法の紙

当日の進行に慣れるまでは、参加者さんに配る用紙を用意しておくとよいでしょう。例えば、会のコンセプトや今日のメニュー、参加者さんのお名前や肩書や仕事について書いて席に置いておくのもおすすめです。これが魔法の紙で、盛り上がるきっかけになることが多いですよ。

そして、多くの方がなかなか着席しないので、促す必要があります。しかし、一人で主催していると手が回りません。そんなときに役立つのが、席に置いたこの魔法の紙（お名前カード、数字を書いたカード）なのです。

もし、あまり盛り上がらない席があったり、ポツンとしている方がいたら、皆さんの輪の中に入れるよう声をかけてください。食事後、席替えをしてもよいですね。魔法の紙を見ながら自然と話し始めてくださっていきます。

話を全部仕切ろうとしなくて大丈夫です。むしろ、皆さんの会話を盛り上げる引き立て役に徹します。

とにかく女性同士であれば、話をしてもらうことが大事であなたは聞き役、質問役です。いっぱいおしゃべりしてもらえるように興味を持って質問して会話を広げます。

多くの交流会やランチ会で参加者さんが定着しないのは、自分の居場所がなく、居心地が良くないからです。皆さんが心地よく過ごすための環境設定をするのが、あなたの仕事です。

当日、話を盛り上げるために

ランチ会であなたはどんな役割を担うのか考えてみてください。カリスマ性を発揮したい方は、ご自身で会話を回して皆さんを楽しませることができると思いますし、あなたの話を聞きたいという方が多いでしょう。逆にあまり表に出るタイプではないのであれば、あなたのやり方をすればよいので大丈夫です。私は緊張するタイプなのに話好きというややこしいタイプなので、参加者さんの雰囲気を和らげておくために、スタート前に皆さんとお話しするように心掛けています。

静まり返った状況だと話しがしにくいので、場を温めておくことを考えてみましょう。参加者さん同士の会話が自然と発生していると、会自体が盛り上がっていく傾向にあります。

席の決め方

席を決めるためのコンセプトを確認

あなたが思う場をつくるためには席決めは重要なものですので、参考にしてください。席決めはよく質問される項目のひとつです。

新規の方が多いと、そもそもどんな方かわからないので困ると思います。

主体的にどんどん動く方は関係ないかもしれませんが、お隣がどんな方かで、居心地の良さが決まるといっても過言ではないです。

様々な方法がありますが、基準があると迷わないと思います。

自主的に交流するスマートな会、あなたがコーディネートしてお一人お一人の性格やニーズに対応する会、コンセプトを意識できる人が集い全員が気持ちよく過ごせる会、美味しいランチを囲んで自由に交流を楽しめる会など、あなたが主催するランチ会はどんな会なのかを言語化しておきます。それがわかると、自由席にしよう、席順を全部決めて出席者のバランスをみよう、到着順で案内しようなど、いくつかパターンを挙げて、そこから選択しておきましょう。

主催者であるあなたは入り口近くか、入り口側の真ん中がベターです。お店の方とのやり取りがスムーズですし、遅刻してお越しになる方がいればスマートに対応しやすいです。あとは敏感な方や、スピリチュアルなお仕事をされている方、早めに退席する方など、端の席を希望されることもあります。ご自身で決めていた席順とズレることがあったり、申し込み時に席の希望がある場合もありますが、できる範囲の配慮ができるとよいでしょう。

2名～6名の少人数

人数によっても、運営の方法が違うところがあります。

少人数の場合は、お一人お一人と接する密度が濃くなります。全体でお話を回すことができる人数です。何かワークをしたり、個室ではないところで開催するのにも、初めての方もやりやすいのではないかと思います。

この人数の席決めでは、参加者さんがすでに顔見知りの方、新規での参加の方のバランス、性格、参加の意図を考えて席を決める場合と、お好きなところに座っていただく方法があります。

考え方としては、参加者さんの主体性に任せる場合や初めての開催では、お好きなところか、奥から順に座る。そうすればあなたも気が楽ですし、参加者の方もご自身の直感や居心地の良さを考えて席を選びます。

初めての開催では、ご自身を混ざて3名ほどからスタートすると安心だと思います。少人数だとじっくりお話しできるのがよいところです。また、バックエンド商品を販売する機会にしたい場合も、少ない人数で開催することをおすすめします。1対1でもよいくらいです。少ない人数だからといって、誰か一人だけが話しているという状況は避けます。全員が何らかの形で発言し、他の方と交流できるようにしましょう。

6名～10名程度

この人数になってくると全体で同じテーマで話が盛り上がるというより、いくつかのグループや1対1でお話しするようになります。少人数のときの席決めと同じ発想で大丈夫です。盛り上げたいときに私が時々しているのは、番号を書いたカードをめくってもらい席を決めます。これが不思議なのですが、共通点のある方々が近くの席になったり、静かにお話ししたいタイプの方同士がそばになったりと、運を天に任せるのもゲーム感覚で面白いかもしれません。

主催者は真ん中に座るとよいです。大体このくらいの人数で開催すると、話をまとめるのが大変なくらい皆さんお話しに夢中になります。

真ん中にいれば様子を見て対応できます。コントロールするというより、全員が楽しむという軸からズレないようにするイメージです。

10名以上

大人数になってくると、主催者の対応力のステージが変化します。逆に少人数より、大人数の方が得意という方もいらっしゃるでしょう。

いくつかのグループに分かれてそれぞれが違う内容の話をしている状態です。これを、まとめようとするとしんどかったり、楽しめないほどの重圧を感じるかもしれません。しかし大丈夫です。ポイントは、まとめようとしないことです。主催者はサポートに徹します。

席決めは、私は先ほどの番号カード方式か、もしくは到着順に自由選択にしています。

当日の受付から席への案内

会場に参加者さんが着いたときの対応についてです。まず、個室と、そうでないオープンの場での案内スタイルがあると安心です。

個室で入口付近にテーブルが余分にあれば、清算や受付を済ませてから席に案内するとよいでしょう。ない場合は、入り口に近い席もしくは一番奥に受付をつくってもよいですね。一人で主催している場合は、入り口にしたほうがスムーズです。リピートの方が増えてきたり、仲間の方であればお手伝いを買って出てくれるようになって、受付をお願いできるようにもなりますよ。

多くの方がこの時点では緊張されているので、どうしたらよいのか指定したほうが安心します。個室が狭い場合は、席に案内してから自分で回ってお会計を済ませましょう。

席はあらかじめ決めておくと当日の進行がスムーズです。時折、途中で帰る方や、端っこの席を希望される方もいます。事前に伺えればあらかじめ対処しますが、そうでない場合は当日対応で大丈夫です。慌てずに、全体を見渡してどうするのが、そのときのベストか判断します。

大抵の場合は一席の配置換えで済みますが、意図がある場合はそれを説明すると、予定通りに着席してもらえることもあります。これはどんな意図をもってランチ会を開催するかによりますが、もしどなたかに受付をお願いできるのであれば、席の案内や挨拶に徹して大丈夫です。どう受付するのか決めておきましょう。

オープンな他のお客様と一緒のスペースの場合は、とにかく席に座ってもらいましょう。

大勢が立っていてなかなか着席しないと、お店や他のお客様に大変迷惑がかかります。奥から入ってもらうか、お名前カードを置くか、番号カードでわかりやすく指定するとよいですね。

ちょっとよいお店ですと、冬であれば案内と同時にお店の方が上着を預ってくれますし、席までの案内もしてくれます。一度行って、どの程度の接客をお店がするのかを確認しておくと安心かもしれません。

大事なのは全員が来てよかったと思うこと

タイトルの「全員」とは、あなたのランチ会のコンセプト、意図を理解して参加してくださる方のことです。そうではない方のことに意識を向けることはありません。

というのも、一方的にセールスしたり自分の話ばかりする方や誰かを否定したり場の雰囲気を壊すような方、禁止事項に違反する方は全員には当てはまりません。こうならないために何度も前提を共有してきているので、もしこれに反する方がいればお話し、注意しても問題ありません。その後の参加はご遠慮いただきましょう。

席決めをするときにも、「全員が来てよかった」を忘れないでください。

進行するための心構え

あなたのカラーでオッケー

あなたがどんなキャラクターでもランチ会を開催することは可能です。

SNSで見かける会は華やかで、主催者のタレント性で集まっているように感じて不安になるかもしれませんが、心配いりません。

何が得意で何が苦手なのか知っておくとよいです。お話しして伝えることが得意な方は、ランチ会と講座をドッキングさせて開催してもよいですね。

技術はあるけれど、仕切るのに抵抗がある方は、ワークショップや体験してもらうことをイメージしましょう。まだこれからいろいろ考えてやっていくというときは、ランチ会に集中してみましょう。

まずは、ランチ会の進行は、お話をして伝えたいのか、参加者さんが盛り上がれるように裏方に徹するのか、ご自身のカラーと会のコンセプトで考えましょう。

あなたのファンがすでに多い場合やオンラインサロンでの開催の場合は、あなたが中心に会話を展開をしていくほうが満足度は高いかもしれません。コンセプトとあなたのキャラクターがマッチしていくと、お客様の満足度もどんどん高くなっていきます。

お客様に助けられて成長していくことも多々あります。完璧な人はいませんから大丈夫です。一緒に食事をしておしゃべりするランチ会の魔法は、もしあなたが何か失敗しても、皆さんの雰囲気をプラスの力に変えて楽しい思い出になります。

私自身、素敵なお店でお隣の人のパンを食べてしまったり、小さい失敗は数知れず。それはそれでプラスに変えていけます。今でも思い出すと笑ってしまうほどの楽しい思いでです。

こうしなければという思い込みを外す

こうしなければ、こうでなくてはならないと思う必要はありません。これまで参加したランチ会や、誰かのやり方は参考にはなるけれど、すべてではありません。

この本で大事なエッセンスをお伝えしているので、要点をつかんでいただければ後はどんどんご自身なりにアレンジしてください。守破離という考え方がありますね。ご存知の方も多いでしょう。

ウィキペディアによると、『日本での茶道、武道、芸術等における師弟関係のあり方の一つ。日本において芸事の文化が発展、進化してきた創造的な仮定のベースとなっている思想で、プロセスを3段階で表している。もとは千利休の訓をまとめた「利休道歌」の一つにある「守りつくして破るとも離るるとても本を忘れな」を引用したものとされている。

まずは、型を「守る」ところから修行が始まる。その後、その型と自分とを照らし合わせて研究することにより、自分に合った、よりよいと思われる型をつくることにより既存の型を「破る」。最終的には師匠の型、そして自分自身が造り出した型の上に立脚した個人は、自分自身と技についてよく理解しているため、型から自由になり、型から「離れ」て自在になることができる。新たな流派が生まれるのはこのためである』と解説しています。

ぜひ意識してみてください。まずは、本書のポイントをフル活用して開催し、その後、自分なりのエッセンスを加え、その後、縛られることなく自由な発想で開催していただきたいと思います。

自分が楽しむ

何より大切なことはご自身が楽しいことです。充実感やお客様の喜びの声、普段行かないようなランチの会場だったり、あなたご自身がやってよかったと思える要素を見つけておきたいですね。

義務感や仕方なくというテンションだとお客様に伝わりますし、そもそもやり続けることが難しくなります。だから、なぜ開催するのかを忘れず、一回一回ごとにそれをご自身でも確認し、できた、嬉しかったを積み重ねていくことをおすすめします。

ランチ会の良さは、反応がわかりやすい、お客様の喜ぶ顔、笑顔が見られて成果を感じやすいことです。あなた自身がランチ会を主催しようと決めるとき、楽しむということも決めてください。楽しませてもらうのではなく、楽しむと決めてほしいのです。お客様や環境に左右されず、自ら楽しい環境をつくり、楽しむ選択をしましょう。

それにより、あなたはさらにランチ会の魔法を発揮することができます。楽しさの循環はお客様へ、お客様の楽しさがＳＮＳを通して回り始めます。楽しいことのパワーを最大に活用しましょう。

要点を押さえる

ランチ会をやってみようと思われたとき、すべて書いてある通りにいくと思うとつらいかもしれません。ちょっと緩やかに考えてみてください。

私がランチ会を開催していく上で大事だと思う要点は、事前連絡、お客様との交流、ランチ会の周知です。このポイントさえ押さえておけば、あなたがランチ会を主催して得たいものを無理なく手に入れることができます。ですので、無理にセールスをする必要もないですし、あなたがランチ会を軸にどうコミュニティをつくり、仕事を展開するかご自身で選ぶことができます。

もちろん、お客様候補が関心のあるものである必要はありますし、お客様が来てくれるから成り立つので、その感覚さえ持っていて何度も試行錯誤してチャレンジしていただきたいと思います。

どこに注力して、どこは緩やかでよいのかというポイントが開催してみるとわかります。開催する前が一番緊張するものです。やってみると気持ちが楽になりますし、感じもつかめますから安心してチャレンジしてほしいと願っています。まずは一歩を踏み出しましょう。

もし何かちょっと大変だなと思うことがあれば、できるだけ小さなステップにします。お店探しが大変だったら、

①どんなお店があるか検索してみる
②候補を絞る

③予約できるか確認する
④予約する

などステップを細分化して、少しずつクリアしていきます。私はやるぞと思ったら紙に箇条書きにして、レ点でチェックすると充実感を得られます。あなたの場合はどのようにすると気持ちよくクリアできるか試してみましょう。

主催者の盛り上げ方のポイント

当日のちょっとした一工夫

ランチ会当日、お客様は周りの方とのやり取りが見えてくるまで多少の不安を抱えています。

特に新規での参加の方を中心に、近くの席の方やつながりをお持ちになったら素敵だなと思う方同士を紹介して、話のきっかけをつくります。人と人とのつながりは何にも代えがたい大事なものですし、人から紹介してもらえたというのは安心感もあり、話も盛り上がりやすいのです。

主催者が一人のときや、立て続けに参加者さんがやってくる場合はなかなかそうもいかないこともあるでしょう。そんなときは、前述した魔法の紙を用意しておくだけでも想像以上の効果を発揮してくれます。話のバリエーションを用意しておいてください。

お客様の性格やお客様同士の相性、初対面の方が多いかどうかなどで、スタートの雰囲気が違います。どんどん盛り上がっていける人もいれば、つかみさえあればその後はちょっとずつ慣れていくという人もいるでしょう。

ランチ会の進め方は、何度もやっているとパターンがわかってきます。

そうなるまでのヒントをお伝えしておきます。まず、皆さんがあなたの進行を待ってくれているパターンのときは、全員が席についたら挨拶、コンセプト、この後の進行についてお話しします。

初対面の方が多い場合は、まず皆さんに自己紹介してもらいます。緊張している様子なら、あなたから質問して引き出してあげるとよいかもしれません。

積極的な女性起業家の方が多いようでしたら、よい意味でどんどんご自身で交流してくださいますので、こちらでの仕切りは最小限で問題ありません。注意するポイントは、特定の人だけが話をして、他の人がずっと聞き役になっていたり、誰とも話ができていない人がいることがないように気をつけます。その場合、私も一緒に会話に入り、質問で雰囲気を変えたり、全員が楽しめるようにしてます。難しいように感じますが、大丈夫です。大事なのは質問することです。

例えば、誰とも話していない方がいたら、その方にあなたが質問を投げかけてみてください。そして、お隣の方や質問に反応した方と会話を続けていきます。そして、ある程度盛り上がってきたら会話から離れて大丈夫です。

もしかしたら、質問すること自体がハードルが高いと感じる方は、質問の種類を用意しておきましょう。参加者さんはご自身のことに興味関心を持ってもらえることは嬉しいことです。お一人お一人のＳＮＳをチェックしておいて、何をされているのか、どんな内容なのかを確認しておくと、相手は自分のことを知ってくれていることが嬉しくて喜んでくださいます。

テクニックでそうしようということでなく、参加者さんと楽しい時間を過ごそうという気持ちで、お一人お一人のことを知っていただけるとよいと思います。私自身も相手を紹介できるように、お名前と仕事内容を大枠でつかんでおくように心掛けています。魔法の紙でも確認できますね。

盛り上がるランチ会は二次会がある

多くの方が驚く二次会

私が開催しているランチ会は、かなりの確率で二次会があります。それは盛り上がりすぎて話し足りないからです。コンセプトをはっきりさせて開催することで、欲しいつながりが得られること、参加者さんが魅力的なのでできるだけ多くの方と話したいこと、興味のある話題なのでもっと話を深めたいと、大多数の方が残ります。多くの方が残られるので、最近では二次会があることを明言しているほどです。

人によっては、コラボの話が進んでいたり、商品を購入したいという話が進んでいることもあります。サークルの方であれば、仲良くなることで離脱率も少なくなりますし、よく顔を合わせることでの相乗効果も生まれやすいですね。

二次会があるよと、ランチ会に来たことのない方に言うとびっくりされることがあります。それは無理もありませんよ。お酒も入っていないのに、そんなに盛り上がるものなのかと、そんな眼差しで見つめられることが多々あります。

しかし、これが新規で参加する方が多くてもこのような状況になるのです。二次会の会場も予約せねばと思うほどです。実際に予約をしておくこともあります。その場合は、事前に二次会参加の申し込みも確認しています。

当日に決めたいという方も割と多いので、二次会の会場は若干の増加でも対応できるところだととても助かります。ランチ会の規模によりますが二次会参加者が多いとお店にすぐに入れないことがあるので、お店のリサーチは欠かせません。

二次会のメリット

二次会は、もちろん最初から無理に開催する必要も、全員を参加させねばと思う必要もありません。余力が出てきたり、もっと深くお客様とお話ししたくなってから、で大丈夫です。

二次会は、ランチ会で打ち解けた分、話が深く具体的になっていきます。短期間に3回以上接触していると関係性が深まると感じますが、この1回のランチ会で、それよりも深い絆が生まれるのではないかと思います。ランチ会で話した、こうなったらいいよね、のお互いの本気度を確認できます。

商品が気になっているとか、何か相談したいとか、そうした場合も、具体的に話が進みやすいです。

二次会というと夜の飲み会のイメージですが、ランチ会の後のティータイムなので、費用も高くありません。一緒に食後の珈琲を飲みながらお話しするだけであれば、1000円以下で済むことが多いですね。

最初から意図する

行って良かったね、と思ってもらえる会を開催するために最初から二次会も予定しておくことをおすすめします。というのも、ランチが終わって移動するとちょうどティータイムでカフェは混雑しており、なかなか二次会のカフェが見つからないことがあります。ですので、ランチ会の会場探しと同時に近くのカフェもあるか探しておくとよいでしょう。ランチ会のご参加表明をしてもらう際に、二次会の参加も確認して予約しておくのも手ですね。

もしあなたが二次会をやろうと決めているのではあれば、きちんとお知らせしておきましょう。教えておいてくれれば行きたかったという方も少なくありません。また、あなたと話がしたいという方もいるので、時間に余裕を持っておくことをおすすめします。

一日で関係がぐっと近くなる

ランチ会と二次会を開催することで、関係性が近づきます。仕事でコラボ、商品の購入、モニターなど次につながる方も多数いますし、イベントへの集客などもよくあることです。その理由は、まずは人柄を知ることができるので、自然と応援関係が出来上がります。話した時間、交流した濃さがあると、その後会わなくてもSNSでの交流があることにより、とても距離が近く感じます。

あなたのことを知ってもらうことを意識することより、相手のことを知るということを意識してほしいのです。どうしても焦っているときは、最初からミニ講座付きなどとして、あなたの講座があることをお知らせしておきましょう。それが付加価値にもなります。

相手のことを知る、これをまずイメージしてください。相手に質問していくことで、あなたが何のお役に立てるか、またなぜ来てくれたのかも見えてきますし、今後のランチ会の方向性もつかめていきますよ。

今後のランチ会をスムーズにするために

一連の流れで考える

　ランチ会を、あなたの人生、仕事、あなたのやりたいことの一連の流れのひとつとして捉えてください。ランチ会に呼んだらおしまいではなく、その前後が大事です。ランチ会にお誘いする時点で、末永いお付き合いをイメージします。お客様候補にお誘いメッセージ、投稿など、終了後のやり取りを通して、ちょっとずつ参加者さんとの関係を深めていけます。

　大事な一連の流れを見える化しましょう。仕事であればビジネスプラン、サークルであれば今後サークルをどうしたいかなど、そのプランと絡めてほしいのです。一回のランチ会だけではなく、その後どうしていきたいのか考えてみましょう。

　例えば、あなたはウェブサイトをつくる仕事をしているとします。なかなかお客様集めに苦戦し、まずはお客様候補の方とつながろうと、ターゲットのお客様候補の女性起業家さんを集めてランチ会を企画。その前にＳＮＳを使い、女性起業家さんが陥るお困りポイントを投稿したり、女性起業家さん同士を紹介したりして種まきをして、ＳＮＳでのお客様候補とのつながりをできるだけつくります。ターゲットが明確であれば、その方たちに響くコンセプト、場所で立案します。まだあなたのことを知らなくても、メリットがはっきりわかればお越しいただくことは可能です。ランチ会にお越しの方に急にセールスはしません。まずは、悩みを把握しましょう。たくさん話が聞ける機会でもあります。

ここで間違えやすいのは一生懸命しゃべって、相手にわからせようとしてしまうこと。そうではなく、あなたが聞くことで、テストマーケティングができたり、リサーチできます。聞いてもらった本人としては、アドバイスも嬉しかったり、受け止めてもらえたという満足感もあります。それをもとに、もし売れずに困っていれば、どのように改善するかなどが見えてくるでしょう。

そして、商品の先行リリースができるように、先にフェイスブックグループで、女性起業家さんのＷＥＤお悩み相談室を開設して日頃からやり取りをしておきます。そうすることで、誰に勧めればよいのか、どう勧めるのかなどの課題をクリアすることが可能です。

販売した後には疎遠になりがちです。ですが、これはもったいないのです。もっとお役に立てることでアップセルできる可能性がありますし、紹介してもらえるかもしれない未来があるのです。だから関係を継続できる場をつくりたいところです。

そこでランチ会です。このように一連の流れの中で、ランチ会はあなたのビジネスを自然と助けてくれます。狙うというわけでなくても、こういうことが起こるのです。

私自身、楽しいし、つながっていけたらという理由でスタートしたランチ会での気づきやつながりのおかげで、どんどん広がっていきました。ぜひ、今は漠然としていても大丈夫ですので、紐づけていってくださいね。

告知してリピートで3割埋める

あなたが何度かランチ会を主催し始めたら、3割をリピーターさん枠と考えてランチ会で次の案内をしてください。割合は前後しても

■ 一連の流れで考える

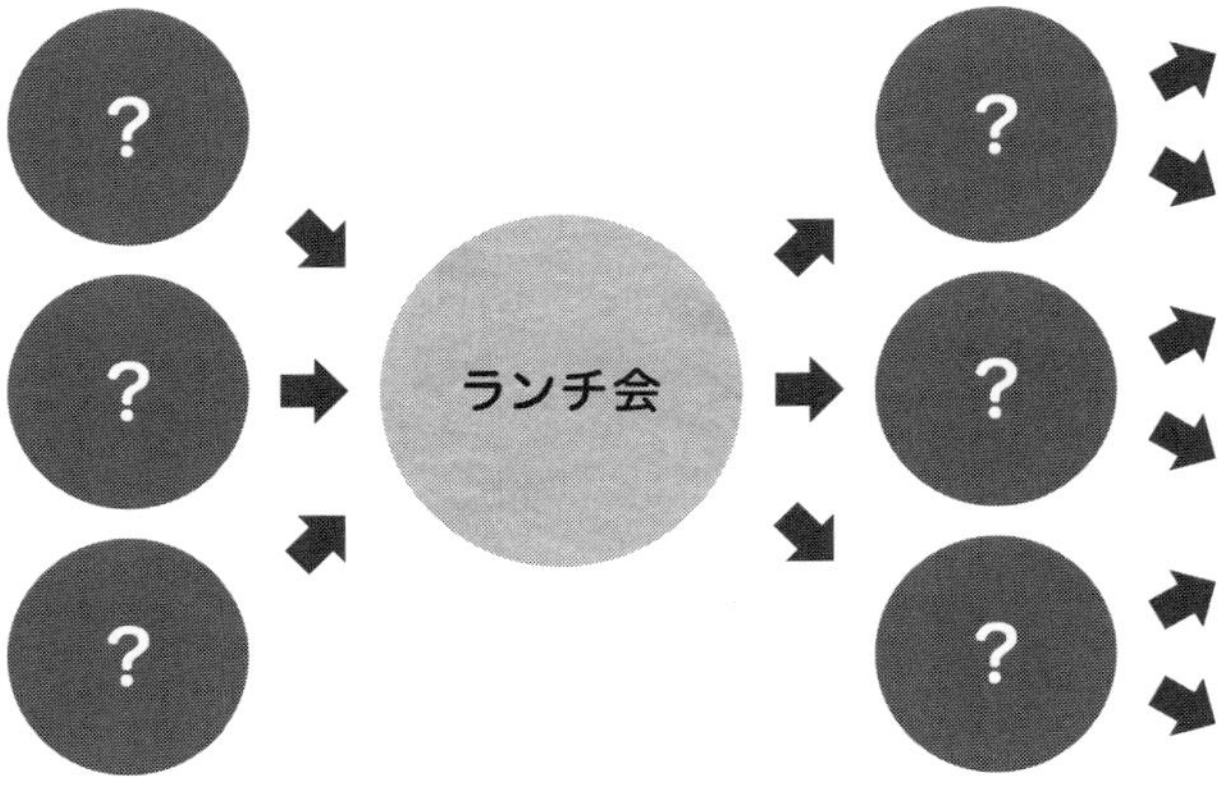

もちろんかまいません。

これもあなたの開催の意図によりますが、コミュニティを盛り上げたい場合やサークルの場合は7~9割リピーターということもあります。ランチ会で新規のお客様と出会いたい場合、バックエンド商品を販売したい意図がある場合、お客様との親密度を深めたい場合など、それぞれ違います。安定的に会を開催していくことを考えたときに3割はリピーターさんで確保するのを意識することをおすすめします。慣れないうちは、5~7割をリピーターで考えて、ランチ会当日に次の会の案内をします。

日程の候補をいくつか挙げて、参加者さんの日にちを確認してランチ会の日程を決めてみてはいかがでしょうか？　私は定期的にランチ会を開催する際は、毎回、ぜひ来てほしい方に事前にお知らせして決めると、スムーズに事が進みやすいです。

まだ決めていない場合は、前回参加者さんとつながっているSNSで事前告知した後に一般募集をするようにしています。すでに参加者さんが一定数いると、お客様集めがスムーズに進み、気持ちも安定して募集期間を過ごせます。というより、告知を楽しめるようになる余裕が手に入ります。

一個一個段階を踏んでいくことにより、あなたの周りにどんどんランチ会仲間ができていきますので、ぜひ楽しんでくださいね。

先行案内する

先行案内にはいくつかの方法があります。

- ランチ会で次回の会を案内して、日程調整してリピーターさんを確保する方法
- ランチ会の趣旨に賛同してくれている方にグループに参加してもらい、そのグループで事前告知する方法
- グループメンバーさんに個別でお知らせする方法
- SNSでつながっている人が直接あなたの投稿、記事を見て確認できるようにする方法
- オンラインサロンのみにお知らせする、サークルのライン登録者のみにお知らせする方法

人数が確保できない、新規の方にお越しいただきたいということであれば、他の方法を取り入れていきますが、先行、一般と段階をつくることで、特別感を演出できます。所属している意味を見出してくださいます。あなたが大事にするべき人を先にお知らせしていくことを意識していきましょう。先行案内するグループでは、できるだけ日頃からやり取りすることをおすすめします。

告知をするだけではなく、相互交流していくことがコミュニティの原点です。

参加者さん同士につながってもらう

ランチ会を開催したら、参加者さん同士が親しくなっていくでしょう。つながることで満足度が高いものになります。参加者さんが新規の方を連れてきてくれることもあります。これが自然発生的に起こると、ランチ会のお客様集めに困らなくなります。

参加者さん同士のつながりは、あなたにとってもメリットです。参加者さんが仲良くなるために、あなたはどんなことができますか？　私は必ずお話しできる時間をなるべく多めにとります。

またコンセプトを共有することで皆さんが気持ちよく過ごせるように、参加者さんにご配慮をお願いしています。参加者さんが来て良かったと感じるポイントは、自分のことを知ってもらえた、受け止めてもらえたというところがあります。

それがとても大事です。自分に興味を持って質問してもらえたとか、話せたことは参加者さんにとってとても嬉しいことです。逆に誰かの独壇場だったり、マウンティングしてくる方がいたり、既存の方だけが固まって盛り上がっていたりすると、どうでしょう？

私なら行きたくありません。全員主役なのがランチ会なのです。

Chapter 6

終わった後のフォローとランチ会からの展開

参加者と関係をさらに深めるために

開催して終わりにしない

参加者さんとの心と心が通う交流を持って、ぜひ末永いよい関係に発展していただきたいと心から思っています。ランチ会は、他のフロント商品ではカバーしきれない、まだあなたのことも、あなたの商品のことも知らない方が参加できるものです。

ランチ会のメリットは、今あなたの商品に関心のない方とも出会えることです。一緒に楽しい時間を過ごすのはとてもプラスになります。そもそも気持ちが高まっていない方に講座にお越しいただくことは難しく、皆さん苦戦します。もしセールスをしても契約率は低いですよね。

人と人との付き合いは、信頼関係です。それなくして何度もお会いする関係になることは難しいですし、セールスの機会もないでしょう。ランチ会では信頼貯金をすることができます。ランチ会へのお誘いから、終わってからのフォロー、その後の日常のお付き合いでどんどんその関係性を深めていきましょう。もし今開催してそのままにしているとしたら、とてももったいないです。ぜひ長期的にお付き合いできる人の輪を広げていきましょう。

お客様の感情ランクをつかむ

私はお客様候補のあなたやあなたの商品への興味度や信頼、安心などを総合して数値化してみました。気持ちを数字にすることに抵抗があるかもしれませんが、現時点をはっきりと理解しておくことは大事です。

会ったことはないがＳＮＳでつながっている方は、感情ランク1。まだあなたのことを知らず、ただつながっているだけという状態です。ここから発展するためには、広告や特典、コピーライティングなどで印象付けていく必要があります。誰がやっているのか、誰の商品なのかは二の次レベルです。

あなた個人とＳＮＳでコメントやメッセージでやり取りをしたことのある方は、感情ランク2。あなたのことを深くは知らないがはっきりと存在自体は認識し、どんなことをしているのかもわかっている状態です。今後は、あなたが自分の抱える課題を解決できる人だとか、あなたに好意を持って関係性を深めていきたい、会ってみたいと思ってもらえることが大切です。

一度会っているか、SNSでのやり取りも活発で、ランチ会にも参加したことがある方は、感情ランク3。興味が高まってきている状態で、あなた個人ややっていることに関心があります。直接会ったときに、あなたが相手にとって問題解決や有益な情報を与えてくれる人、好きな人だというイメージを持ってもらえるかがカギです。SNSでもやり取りを続けていくことで、フロント商品につなげていくことが可能なランクです。

あなたのフロント商品に関心を持っている方は感情ランク4。フロント商品に関心があるということは悩みや不安があって、あなたを通して解決できるかもしれないと期待しています。ですが、興味はあるものの購入を決めているわけでもなく、もし頼むとしてもあなたとは確定していません。何かが不足しています。悩みがあって解決したいけれど急いでいるわけではなかったり、解決方法を模索していて選択肢も情報も少ない状態です。

フロント商品に来て、バックエンド商品に関心のある方は、感情ランク5。フロント商品で問題解決しており、あなたへの関心度が高まっていて、あなたのバックエンド商品の購入を悩んでいます。ポイントは、お金を出してまで解決したいのか？　いつ解決したいのか？　です。

この5段階の感情ランクを意識してください。お一人お一人の顔を浮かべて、お客様の感情ランクを把握しましょう。感情ランク5の人とのやり取りと、1の人とのやり取りの内容は違うはずです。面識も興味もないのにイベント内容を送りつけたら、その時点でこれ以上関係を深めるのは難しいでしょう。その前にすべきことがありますね。1対大勢ではなく、1対1のお付き合いを大事にしたいですね。

本来であればこのようなやり取りは、それぞれが当たり前のようにやっていることなのですが、主催しなければ、販売しなければといった心境になると気持ちに余裕がなくなってしまいます。そうすると独りよがりのことをしてしまうことがあります。お客様にはそれぞれ感情があり、出会ったシチュエーション、その後のお付き合いの頻度、印象などでまったく変わってきます。

この感情ランクの5段階を、もう一度見直してください。

感情ランク1　会ったことはないがSNSでつながっている方。
感情ランク2　あなた個人とSNSでコメントやメッセージでやり取りをしたことのある方。
感情ランク3　一度会っているか、SNSでのやり取りも活発で、ランチ会も参加したことがある方。

感情ランク4　あなたのフロント商品に関心を持っている方。
感情ランク5　フロント商品に来て、バックエンド商品に関心のある方。

どのランクの方に向けたランチ会をするのか考えてみましょう。ランチ会の良さは、ごちゃ混ぜでも開催できることにあります。ランクが高い方の影響を受けて、ランクが低い方の感情ランクを高めることができます。また、ランクの高い方にとっては、あなたと深くつながっていることに優越感を感じてもらえるということにもつながります。
終了後のメッセージのやり取りや、開催中の会話で感情の変化をはかることができます。

感情ランクの図

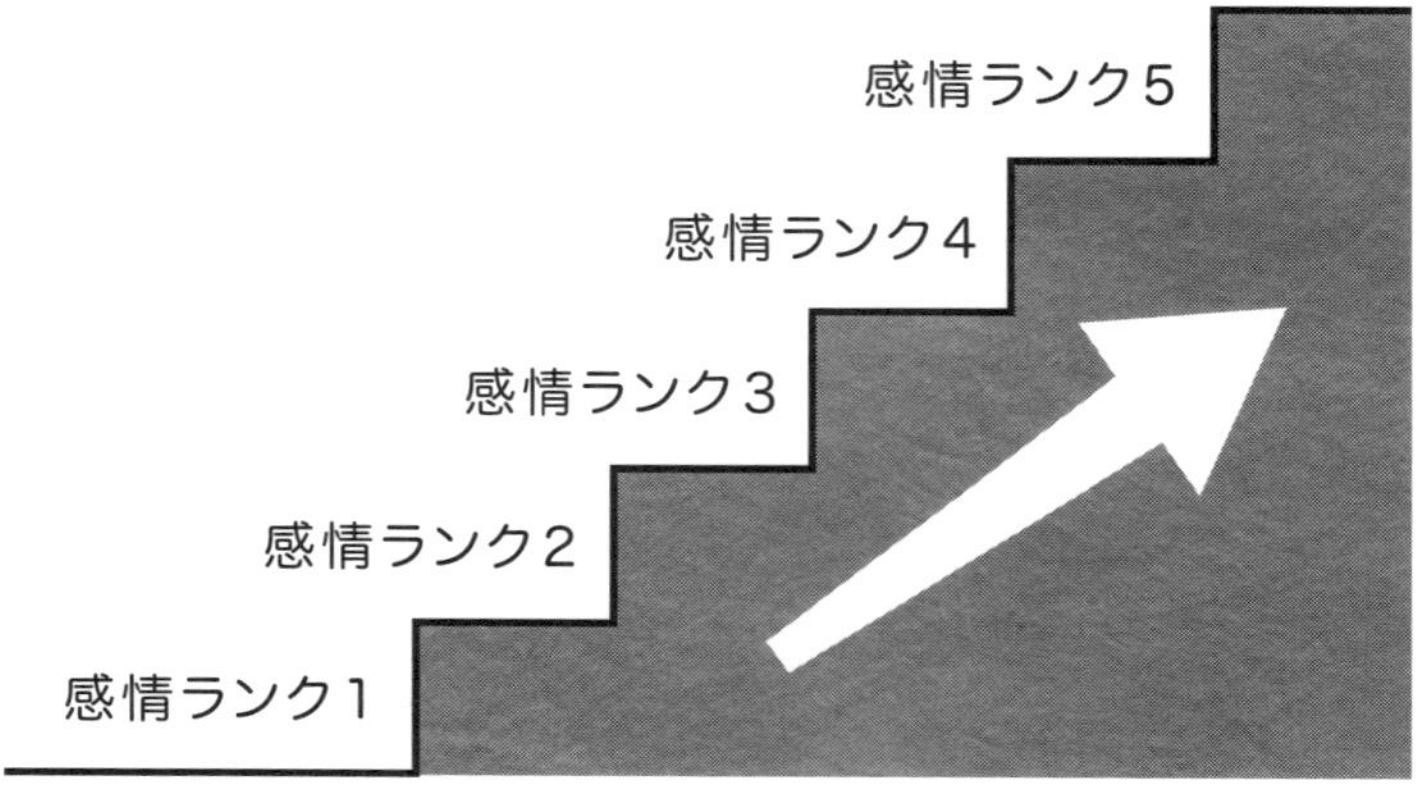

直接話してみて、私の商品に関心があることがわかったり、前々から会いたいと思ってくれていたのを知ることが、私にもありました。

動かなければチャンスをつかむことができなかったと思います。ランチ会を重ねて感情ランクを育てていくことで、お客様からアプローチをしていただけるのはとてもありがたいことです。

人が面倒だと思うことをする

今では簡略化されているところもありますが、格式のある旅館では玄関前でお客様の到着を待ち、荷物を運んでくれたり、おしぼりやお茶を用意してくれるところがあります。

以前出雲の旅館に泊まったとき、従業員の方の対応が素晴らしく感激しました。

人は、ちょっとしたひと手間に感動します。お部屋に女将さんからの一筆箋があったり、お風呂上り用の冷水のポットが置いてあったり、一輪挿しがきれいだったり。こうした気遣いは、「あなたのことを歓迎し、大事に思っています。ぜひゆっくりしてくださいね」という気持ちを表しています。日本のそうした細やかな気遣いは心に響きます。

すべて取り入れることはできなくても、考え方のエッセンスは取り入れることができるのではないかと思うのです。面倒だなと思われた方もいるでしょう。そうなのです。これは行うほうとしては手間のかかることです。だから、こうしたサービスを行う旅館は風格がありますし、高額です。

気がつく力。その他大勢ではなくあなたと指名される、ちょっとの手間。この面倒なことが、あなたの存在を印象付け、選ばれ、心地よい雰囲気をつくります。

どうしてよいかわからなくて難しいという方は、メールを丁寧に書く、イベントページをわかりやすく書く、当日にメッセージカードを渡す、目を見て挨拶する、お誕生日にメールをすることからスタートしてみてください。

面倒でも、お客様からの反応が返ってくると、それが楽しみに変化していきます。反応がないことを続けるのは精神力がいることです。あなたが楽しく続けるために、お客様からの反応を得るチャンスを自分自身でつくり出してくださいね。心を込めたメールには返事が来ます。営業メールだと思われれば返事は来ないでしょう。コピペではないお誘いメールは、その後の交流のチャンスになります。全文コピペのメールは、流し読みで終わりです。

愛される主催者が日頃から行っていること

無料でできること

お金をかけずにできることはたくさんあります。あなたはどんな愛される主催者になりたいですか？　お客様とどんな関係を築きたいですか？

お客様とお会いする前から良好なやり取りをしていたら、初めてのランチ会でも不安が薄れますし、盛り上がりますすね。お会いしたときの感動も味わえるでしょう。

心と心が通う交流は、お金がかかりません。人には感情があります。感情が行動につながります。感情を動かすには、見え透いたコピペでは難しいことはおわかりいただけると思います。

日々、参加者さんや参加者候補の方とＳＮＳで交流したり、メールをするのは、手間はかかりますが心が通じ合いやすいのです。してもらえて嬉しいことをする。これが基本です。この心遣いが、だんだん億劫になり多くの方が途中でやめてしまいます。だからライバルが少ないのです。このほんのちょっとの違いの積み重ねにより、あなたは抜きん出た主催者になれるのです。まずは、開催することからスタートして、ちょっとずつできることを増やせるとよいですね。

信頼は一日にしてならず

信頼関係を考えてみたいと思います。小・中学生時代のクラス替えを思い出してください。1、2クラスでみんな顔見知りだったという方はシチュエーションをイメージしましょう。

クラス替え初日。ドキドキしながら席に着きました。前後左右の席は知らない子。新たな環境への期待と居心地の悪さを感じつつ、初日が始まりました。社交的な人であれば、話しかけて遊びに誘うかもしれません。

ちょっと引っ込み思案な人は、プリントを配るときにチャンスをうかがったり、消しゴムを拾ってくれた子とちょっとずつおしゃべりをするようになったり。30名ほどのクラスで知らない者同士だったのが、いつの間にか友達になっていきます。何かのきっかけで相手と反応しあい、それを何度も積み重ねた結果、友達になっていきます。

シチュエーションは違えど、これは大人の世界でもあることです。きっかけがあって相手と反応しあえるのは、消しゴムを拾ってあげたら、ありがとうが返ってくるように、話しかけてその反応があるからです。好意が伝わることはとても大事です。

女性だと覚えがあるかもしれませんが、仲良しの子との交換日記は、秘密を共有したり、仲良しであることをお互いに確認しています。確認しないと不安なときです。

あなたにとって信頼できる相手は誰ですか？

不徳の致すところという言葉があります。「自分に十分な徳が備わっていなかったため、今回のような好ましくない状況に至ったのだ、という表現。自分に責任があると表明する言い方」（実用日本語表現辞典から引用）

相手を誤解させたり、何か問題が発生して私の方に非があると他人が思うのであれば、それは私の不徳の致すところだと思うようにしています。そもそも信頼関係を築けていなかったこと自体が、私の課題だと考えるからです。

継続して行う

お仕事のアドバイスをしていて感じていることなのですが、続けるということのハードルは思いのほか高いものです。続けられない理由は、反応が返ってこないからです。

ブログを書いても、フェイスブックやインスタグラムをしても、誰からも反応がないと思うとつらいですよね。もしかしたら、その反応のレベルを高く見積もりすぎているのではないでしょうか。

例えば、始めたばかりのブログで何日か案内を書いたら新規のお客様の予約が入るということはほぼありません。こういうことへの期待を高めるのではなく、まずは、いいねをもらえた、アクセスが増えた、コメントがついた、シェアしてもらえたというところからスタートしましょう。

信頼関係は、継続しているからこそ培われます。続けるためのポイントは、反応を得るチャンスを自らつくるということです。コメントしやすい楽しい投稿をしたり、相手の投稿にいいねやコメントをつけるのもおすすめです。相互交流を楽しんでください。

ランチ会を育てる

あなた自身のこと

ランチ会を開催しているといろいろなことが見えてきます。私のお客様にはこんな悩みがあるかも、こういう書き方だとこういう方が集まりやすいのかなど、参加者さんを通しての気づきもたくさんあります。周囲の人はあなたにどんな印象を持っているのか、どんな人がお付き合いしたい人で、どんな人は遠慮したいのかもわかるはずです。

あなた自身も、主催者としてどんどん成長しているのを実感されるはずです。視野が広がり、発想が豊かになります。周りの目にも変化があるでしょう。それまでお客様集めに難航していた方もスムーズにできることが増えてきて、ご自身の仕事につながったり、サークルのメンバーが増えたり、コミュニティの交流が活発になってくることが望めます。

開催していると楽しさをたくさん感じられるので、アンテナを張り、変化に敏感になってください。主催者としての在り方は、人それぞれ。あなたらしさを楽しみましょう。

ランチ会のコンセプトや目的

開催を続けるうちに、ランチ会の方針に変化が出来てくることがあります。変化を怖がらなくて大丈夫です。やってみること、始めることにはすごいパワーがあって、やったからこそわかったこと、続けたからこそ見えるものがあります。

お客様と接することが、あなたをより熟成させます。このままでよいと判断できたり、やはりこれは必要だから伝えようとか、こっちの言葉のほうが伝わるなどが見えてくることが多々あります。コンセプトも話しているうちにどんどん言葉が磨かれ、フィードバックしてよりしっくりくるものに仕上がっていきます。最初から完璧でなくて大丈夫です。完璧と思うと、いつまでもスタートできません。人と話してこそ、広がっていきます。

お客様との関係

ランチ会を継続していると、お客様との関係も深まってきます。リピートして欠かさず参加してくれる方もいたり、喜んでシェアしてくれる方も現れます。どんな方があなたのランチ会を喜んでくれるのかも、肌感覚でわかるようになっていくでしょう。

最初、あなたは誰なのか、どんなことをしているのかもわからないという方が、ランチ会やSNSを通して自然とあなたのことを理解していきます。自然な形で関係性を構築することができるのです。これから起業したい方や、サークルなどの団体をつくりたい方、これからスタートする方には実績や看板がありません。それもこれからつくっていくことになります。ランチ会を開催していくことで、あなたがやりたい方向性や、求められることがはっきりしてきます。

あなたらしさ、あなたがしたいことが時折ぼやけてしまうことがあっても、ランチ会を軸に磨いていくことができます。お客様との関係性も、会を重ねていくことであなたが自分らしさを発揮できるようになっていくので、あなたと価値観が合う方を集めていくことができます。誰を集めればよいのかわかるだけでも、大きな収穫です。多くの方は誰に声をかければよいのか、自分の商品が誰の役に立てるのか見えていません。

お客様と短時間で良好な関係を築く、あなたなりのポイントがわかってきます。何が喜ばれるのか？　なぜ自分のことを慕ってくれるのか？　それを知ることであなたの自信にもつながります。お客様もあなたとの交流が楽しく、長いお付き合いに発展してくことでしょう。

よいものは残し、変える勇気

ランチ会を開催していくと、これは困ったなとか、改善したほうがよいかなと思うことが出くるかもしれません。そのときは、あなたのお客様のことを第一に考えてみてください。

あなたのランチ会開催の目的が明確にある場合、その目的に沿うものになっているのか、お客様候補から見てどうなのかを定期的に判断しましょう。

例えば、参加したことのない人から「○○さんの会は○○なんですよね？」と、事実とは違う話になっているようであれば、あなたの意図と誤差が発生しているのです。

思うような意図で進んでいないとしたら、来てくださった方にどんな会だと思って参加しているのかを聞いてみてください。その上で、もし問題ありと判断した場合は、対策をねって改善します。まず、何に対しての課題なのかを明確にしましょう。コンセプト、参加ルール、告知方法、告知文など、何を改善するかを考えます。

こうしたことは、できればやりたくないと思います。だからこそ、ご自身のために先伸ばしにしないことが大事です。宙ぶらりんのときが一番危ういです。

ただの集まりにしない

参加するメンバーによって毎回雰囲気が変わってしまうと悩んでいる方もいるかもしれません。

それだけ人の影響は大きいものですが、あなたのスタンスで舵をとれるのがランチ会です。それを怖がる必要はありません。もちろん、参加者さんと一緒につくり上げる感覚は持っていたいものですね。

ただおしゃべりして楽しかったねだけでも、集まる意味はあると思います。しかし、これ以上のものを提供するには意図するということが大事です。どんな化学変化を期待するのかイメージしましょう。

例えば、私は起業家さんが多く集まる会を主催していたので、お互いにメリットになることを中心に場をつくりました。誰かの狩場にするためではなく、一緒に何かできることがないかを考えて提案できる場です。実際にコラボが生まれたり、業務の一部を協業するということもありました。このコンセプトでの会はかなり好評でした。

その後もランチ会で会いながら、その協業の中身を深めていったり、人材を呼びかけたりして輪が広がり、毎回15～20名のお客様がお越しくださいましたよ。

特別な参加目的を見出す

他のフロント商品も、ネックは「お客様集め」ではないでしょうか。ＳＮＳからランチ会へ、ランチ会からフロント商品へ、そしてその先のバックエンド商品につなげる場合は、そもそもあなたのバックエンド商品を必要としている方が集まるように意図しておく必要があります。

例えば、趣味のサークルの集まりからランチ会へ、ランチ会から新規参加検討中の方のお試し参加、既存メンバーへの居場所提供、既存メンバーの定着度アップ。お客様候補としては、どんなメンバーがいるのか、自分は合うのだろうかと不安な気持ちもあるでしょう。それとともに、所属するサークルがどんなところか吟味したいはずですよね。

既存メンバーも、より楽しく所属意識を育てることにより、協力的に参加してくれますし、新規メンバーの紹介依頼もしやすいはずです。ランチ会を開催するというメリットが両方にあるわけです。

また、これは特定の商品を定期利用してもらいたい方におすすめです。化粧品販売の方であれば、これから使用を検討している方や、一回購入した方向けにランチ会を実施して、初購入や定期購入につなげます。

店頭で自由に買うことができる商品や、ＣＭで見たことがある商品でないと安心できない、という消費者の気持ちに着目してみましょう。

ＣＭを出すのはなかなかできないので、自分でできるランチ会を開催すれば、商品の良さを感じてもらう機会になり、安心感も与えられます。購入に至らなくても、美容についての学びの場を提供して意識を育むというのは素晴らしいことだと思います。

さらに、ある条件をクリアした方のみのランチ会をしてみてはいかがでしょうか？

そしてその写真を会員ページやウェブサイトに掲載してみましょう。それが参加者のステータスになっていきます。新商品の発表や限定商品のお知らせもよいですね。紹介制度で表彰してもよいかもしれませんし、美肌コンテストの表彰など話題を提供するのもおすすめです。

参加者さんを巻き込み運営する

回数を重ねてランチ会の方向性やコンセプトが固まってきたら、ぜひとも参加者さんを巻き込みましょう。あなた一人で主催者の仕事を抱え込む必要はありません。あなたの思いに共感してくれる方が現れるはずですし、巻き込み力を発揮できるようになると運営もお客様集めもどーんとかまえられます。

私は主催メンバーをつくって運営してみました。きっかけは、もっと多くの人たちの輪ができたらいいなと考えて、あらかじめつくっていたランチ会のコミュニティに運営に協力してくれる方がいないか呼びかけたのです。

主催メンバーのメリットは、主催という立ち位置が手に入ること、知り合いが増えること、密に交流できること、居場所ができることとです。私としては、もちろん自分が中心でお客様を集めますが、主催メンバーの呼びかけで新規の方が入ってきたり、今までのメンバーに新たな風を入れることができます。

通常行っているランチ会とは別に、主催メンバーだけが参加できるランチ会も開催。そこで次回の相談や何かワークをするかなどを決定して、主催にどんどん巻き込んでいきました。結果、マンネリ化を回避でき、お客様集めにかける労力を分散できました。

ランチ会の主催力をアップし、集客に困らない仕組みをつくろう

慣れてきたら次のステップ

ランチ会は3名くらいから開催するところからスタートすると気負わずにできるのはないかと思います。起業して数回はご祝儀代わりに来てもらえることが多いです。直接のお客様にならなくても誠心誠意おもてなししましょう。来てくださった方が投稿して紹介くれたり、その先につながっていくということがあります。

開催ができたら、次のステップに進みましょう。あなた主催の会のカラーを打ち出します。そして、あなたならではの感謝の気持ちを示す方法を考えてみましょう。

例えば、ご案内は丁寧に、初めての参加の方も来やすい工夫、当日の席順、お土産。1人でポツンとしないように声をかけて次へ誘導するなど、手腕を発揮できるチャンスが潜んでいます。

ランチ会はお客様候補だけではなく、あなたの既存の優良顧客への感謝の機会であり、バ

ックエンド商品を検討中の方とよりフランクにお話しできるチャンスでもあります。仕組みの一部で考えてみると、より楽しく仕事ができるはずです。

主催力とは

主催力と聞いて、何をイメージしますか？　私が考える主催力とは、来て良かったなと思ってもらえる場ができるかどうかであると考えています。それがリーダーシップを発揮して参加者さんにプレゼンをしていくことなのかもしれませんし、参加者さん同士の会話を盛り上げる引き立て役なのかもしれません。

こうでなくてはならないという思い込みを外してくださいね。

あなたは、主催なんて緊張する、みんなの前でしゃべるのは嫌だな、というマイナスの印象を持っているかもしれません。そんなときに意識してほしいのは、誰かの真似をする必要はないということです。

もちろん、参考にしたり、要点を確認することは大事です。まずは、この本を参考にして基本を押さえましょう。苦手を克服するのが大事なのではなく、あなたらしさを表現することを意識しましょう。ですので、参加者さんの前でしゃべるのにハードルの高さを感じるようなら、伝えたいことを紙にまとめて、最低限のことをお話しできれば大丈夫です。

やってみたら、意外とできることも多いです。できたらいいなと思うことをやれる形に、大事にしたい気持ちを伝わるように。これが主催力で大事なことです。開始前に大事なのは、やらない選択肢を持たないことです。できるだけ、これならやれそうだと、自分で自分を安心させてあげてください。そうすることで、あなたらしい主催力を発揮できるでしょう。

毎回の集客の苦悩から解放

集客が心配で開催することができないという方もいるかもしれません。きっと、毎回毎回イチから集客しなければならないと思っているのだと思います。しかし、そんな必要はありません。ランチ会開催時に次回の予定も決めてしまうのです。まずはご自分で候補日を2、3個決めておきます。そしてその会の参加者さんを巻き込んで、主力メンバーになってもらいましょう。

ランチ会のよいところは、仕事というほどの仕事がほぼないことです。楽しかった、また来たいと思ってもらうことができていれば、協力を申し出てくれる方も多いです。

もし、一回開催することも心配で前に進めないという場合は、参加者一人だけの開催でもよいのです。それでも立派なランチ会です。そのお一人を大事にしてくださいね。

ランチ会を開催して、お客様のニーズがわかったり、どんなことをしていきたいかイメージができるようになったら、次のステップです。ランチ会をコミュニティ化しましょう。定期的に集う場、同じようなテーマに興味のある人のコミュニティを持ちましょう。

参加者さんが自然と集まれる機会をつくることで、次のランチ会の集客に困らなくなり、定額収入も目指せます。ランチ会を主軸に、SNSのグループで交流をして、プチ講座で外部講師を招いたりと、付加価値をつけることもできます。無料でも有料でも、会員制コミュニティやオンラインサロンを開催していくのもランチ会の発展型として目指すのもよいでしょう。コミュニティをすでに持っている方はぜひランチ会を取り入れていただくと、定着率や満足度が上がりますし、ニーズや要望を確認することができますよ。

コミュニティを持つことは、あなたがやりたいことを加速する可能性があると考えています。何かをするということは、人への影響力と、周知ができる先があること、あなたがどんな人かを知っている人が多いことが必要です。コミュニティの魅力に気づいている方がどんどん増えていいます。今後、コミュニティの発想を越えていくはずです。

一人で孤独にがんばらない仲間づくり

ランチ会を活用して仲間意識を育てる

一緒に食事をしたり、本音を話せる環境は、仲間づくりに適しています。お客様とお客様、あなたとお客様が響きあう場面もあるでしょう。あなたに共感し賛同してくれる仲間が増えていき、自然とお手伝いしてくださる方が現れます。

規模が大きくなったり、回数が増えていくと、あなたがすべてを行うのが難しい地点が来るかもしれません。そういうときこそ、ぜひ仲間に力を借りてください。

リーダーシップのとり方は様々です。私が思うリーダシップは、相手の価値を認めあい、承認しあえることです。そしてランチ会を通してさらに賞賛することができると、自然発生的に価値が高まっていきます。誰かの力を借りるのに抵抗を感じる方もいるかもしれません。これもレッスンです。サークル運営も、ビジネスも誰かの力を借りることで加速できます。

どんな人と仲間になったらよいのか

あなたがランチ会を重ねるごとに、人脈も広がり、多くの出会いや学びがあるに違いありません。私のいう仲間とは、思いを共有できたり、対話を重ねたことで得られるつながりがある状態です。そうした仲間が共同主催者になる可能性もあります。

主催をしていると、様々な声がかかります。その中には、あなたの持っているものが欲しいだけのクレクレちゃんがいる可能性もあります。表面的にはわからないかもしれません。だからこそ対話をしてほしいのです。大事にしていることや仕事への思い、お客様へのスタンスがあなたが尊敬できる方かどうか、もし何かあっても信じられる方と組んでください。

ビジネス的な発想で考えると、集客力がある、もしくはあなたの苦手をカバーできる、お客様にとって価値のあるコンテンツを持っている、将来コラボをしたい相手であるなど、こういった要素がある方と検討することになるでしょう。

特典

あなたに一歩を踏み出していただきたいという思いから特典をご用意しました。お役立てくださいね。


読者さん限定ランチ会を開催！

まずは空気感を感じてみませんか？

参加費は無料ですが、参加者さん同士で私のランチ代はご負担お願いします。実際にやってみて相談したいことや、自分の場合はどう活用すればよいのかを質問してください。

ライン@で随時ランチ会情報を配信しますので、ぜひご参加ください。

開催は東京都内です。

ランチ会本読者さんグループ
@anq3402d

無料オンライン講座で起業の不安を解消するお手伝いをします。

特典動画、実践型テキストをプレゼントしています。

http://mail.rosequarzhappy.net/

期間限定月収100万円を達成する行動が自然ととれるようになる7つの鍵無料オンライン講座
体験コンサルティングをプレゼント。

https://landin.gpage.info/oy7keys/lp03/

さいごに

この本を手に取り、読み進めてくださったあなたに心より感謝申し上げます。

これまでどうスタートしたらよいかわからなかったという方、なんだか行き詰まりを感じていた方に、ぜひとも軽やかに超えていっていただきたいという願いを込めて本書を書きました。


私自身も様々な葛藤がありました。

ランチ会を開催し、職業の仮面を外した私の本音や思いに共感してくれた方と輪が広がりました。ランチ会は心と心をつないでくれます。

夜に出歩けない状態でしたので、ランチタイムに交流できるのはとてもありがたく、人と人がつながっていく素晴らしい輪を広げることができました。


この本の執筆中にも娘の手術があり、多くの方に励ましをいただきました。

きっとあなたにも様々な背景があって、何か気にかかっていることもあることでしょう。

人はつながりの中で、気づき、癒され、励まされていきます。

世の中がこうなったらよいな、何かを広めていきたい、そんな豊かな気持ちを自然にかつ、ダイレクトに伝えられる場であるランチ会を活用して一歩でも前進させていってほしい。その一心で書き進めました。

ランチ会はキラキラした起業女性の暇つぶしではありません。最後まで読んでくださったあなたには、とても素晴らしい出会いと交流の場だということが伝わっていると思います。ビジネスで活用したい方は、これだけ費用対効果の高い方法を活かさない手はないはずです。

講座開催前、開催後、誰もまだお客様がいないときも、事業に行き詰っていたときも、たくさんお客様が集まってきてフォローが必要になったときも、様々な場面であなたのことを助けてくれるランチ会をぜひ活用してくださいね。

こうしてあなたに本で出会えたこと、出版に際し応援くださった編集の山田稔先生、これまで私に影響を与えてくださった皆さんに心より御礼申し上げます。

大澤　裕子

著者紹介

大澤 裕子（おおさわ　ゆうこ）

株式会社Refinecollege　代表取締役

大切な人を守る力をつけることの大切さを長女の先天性疾患で実感。

事情があっても仕事ができる選択肢を増やしたいと自分で仕事ができる仕組みを作る大切さを伝える。

エステサロンの経営や、女性起業家へのアドバイスを通し、一気にお金と時間をかけて行うビジネスは不向きなことが多く、もっと等身大のビジネスをしていきたい方や信頼関係を大事にしたい方に向けた方法を確立。

1人でも多くの方がスランプから脱して、お客様のお喜びの笑顔に出会えるよう体系化してお伝えしたいと、女性が一人で未経験でも十分スタート可能なランチ会メソッドを提唱。

経営塾を主宰、これまで10年間起業したい方へのアドバイスを実施。

起業準備中の方、シングルマザー、病児障がい児や小さいお子さんを育児中のお母さん、会社員からの独立などをサポートしている。


人が集まる! 仕事につながる!

ランチ会の始め方・育て方

2019年5月24日　初版第一刷発行

著　者　　大澤裕子
発行者　　宮下晴樹
発　行　　つた書房株式会社
〒101-0025　東京都千代田区神田佐久間町3-21-5　ヒガシカンダビル3F
TEL. 03（6868）4254
発　売　　株式会社創英社／三省堂書店
〒101-0051　東京都千代田区神田神保町1-1
TEL. 03（3291）2295
印刷／製本　シナノ印刷株式会社

ISBN978-4-905084-34-1